AIRE 1961

FACULTÉ DE DROIT DE MONTPELLIER

THÈSE POUR LE DOCTORAT

ÉTUDE DE L'EMPHYTÉOSE

En Droit Romain et en Droit Français

PAR

Léon LAPASSET

TOULOUSE

IMPRIMERIE ADMINISTRATIVE M. CLÉDER

28, RUE DE LA POMME, 28

1900

ÉTUDE DE L'EMPHYTÉOSE

EN DROIT ROMAIN ET EN DROIT FRANÇAIS

UNIVERSITÉ DE MONTPELLIER

FACULTÉ DE DROIT

MM. VIGIÉ, doyen, professeur de Droit civil, chargé du cours d'enregistrement.

BRÉMOND, assesseur, professeur de Droit administratif.

GIDE, professeur d'Économie politique, en congé.

LAURENS, professeur de Droit civil, en congé.

GLAIZE, professeur de Procédure civile, chargé des cours des Voies d'exécution et de Législation financière.

LABORDE, professeur de Droit criminel, chargé du cours de Législation et Economie industrielle.

CHARMONT, professeur de Droit civil, chargé des cours de Législation notariale et de Droit civil approfondi.

CHAUSSE, professeur de Droit romain.

MEYNIAL, professeur d'histoire du Droit.

BARDE, professeur du Droit constitutionnel, chargé du cours de Droit civil dans ses rapports avec le notariat.

VALÉRY, professeur de Droit commercial, chargé du cours de Droit international privé.

DECLAREUIL, professeur de Droit romain, chargé des cours de Pandectes et d'histoire du Droit public français.

PERREAU, agrégé, chargé d'un cours de Droit civil.

MOYE, agrégé, chargé des cours de Droit international.

LÉVY-ULLMANN, agrégé, chargé d'un cours de Droit civil.

RIST, agrégé, chargé d'un cours d'Economie politique et du cours d'histoire des Doctrines économiques.

GARIEL, chargé d'un cours d'économie politique, en congé.

BIGALLET, chargé d'un cours d'économie politique.

GRANGÉ, secrétaire.

GIRAUD, secrétaire honoraire.

MEMBRES DU JURY

MM. MEYNIAL, président.

BARDE, assesseur.

DECLAREUIL, assesseur.

A MON PÈRE

———

A MA MÈRE

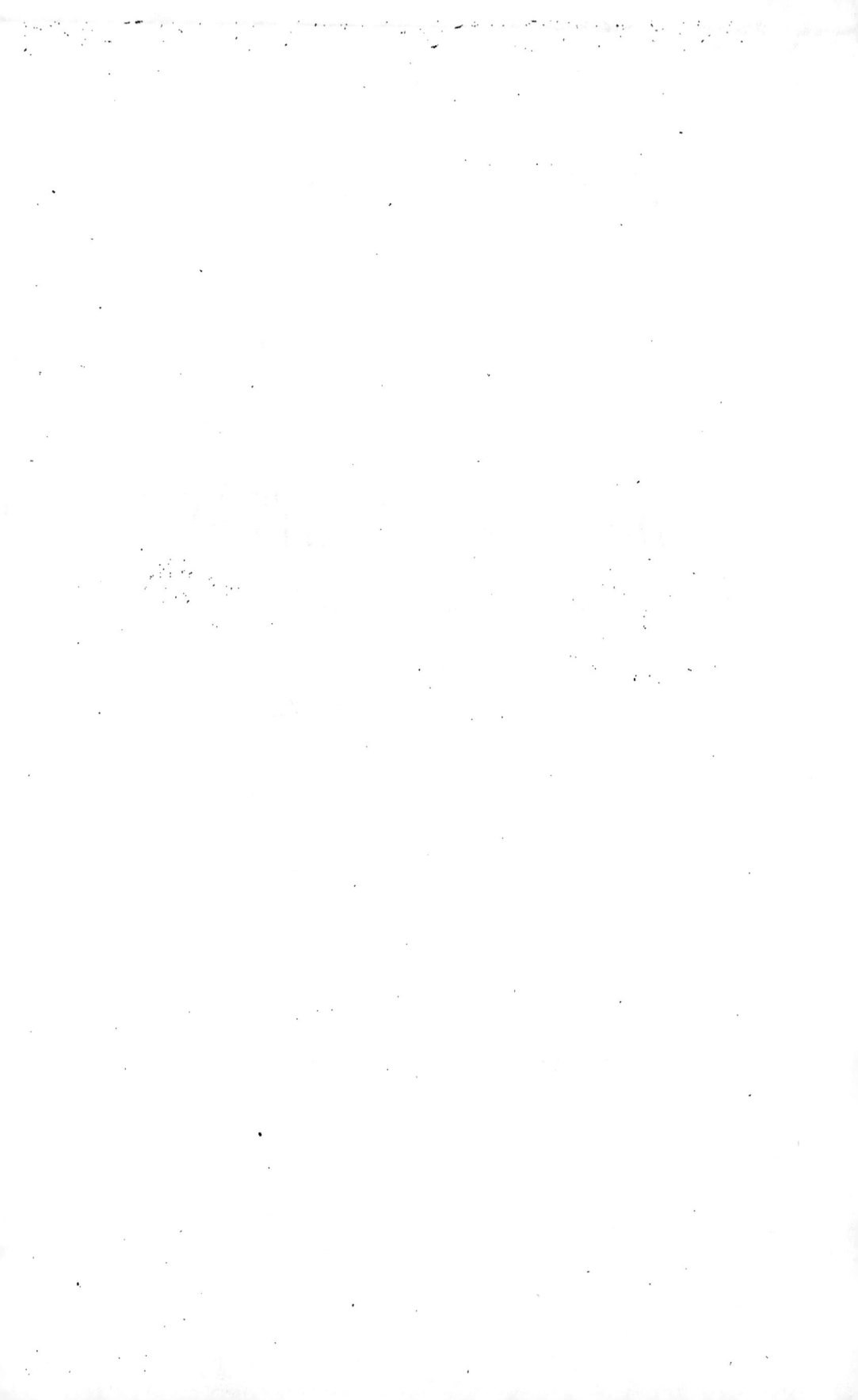

FACULTÉ DE DROIT DE MONTPELLIER

THÈSE POUR LE DOCTORAT

ÉTUDE DE L'EMPHYTÉOSE

En Droit Romain et en Droit Français

PAR

Léon LAPASSET

TOULOUSE

IMPRIMERIE ADMINISTRATIVE M. CLÉDER

28, RUE DE LA POMME, 28

—

1900

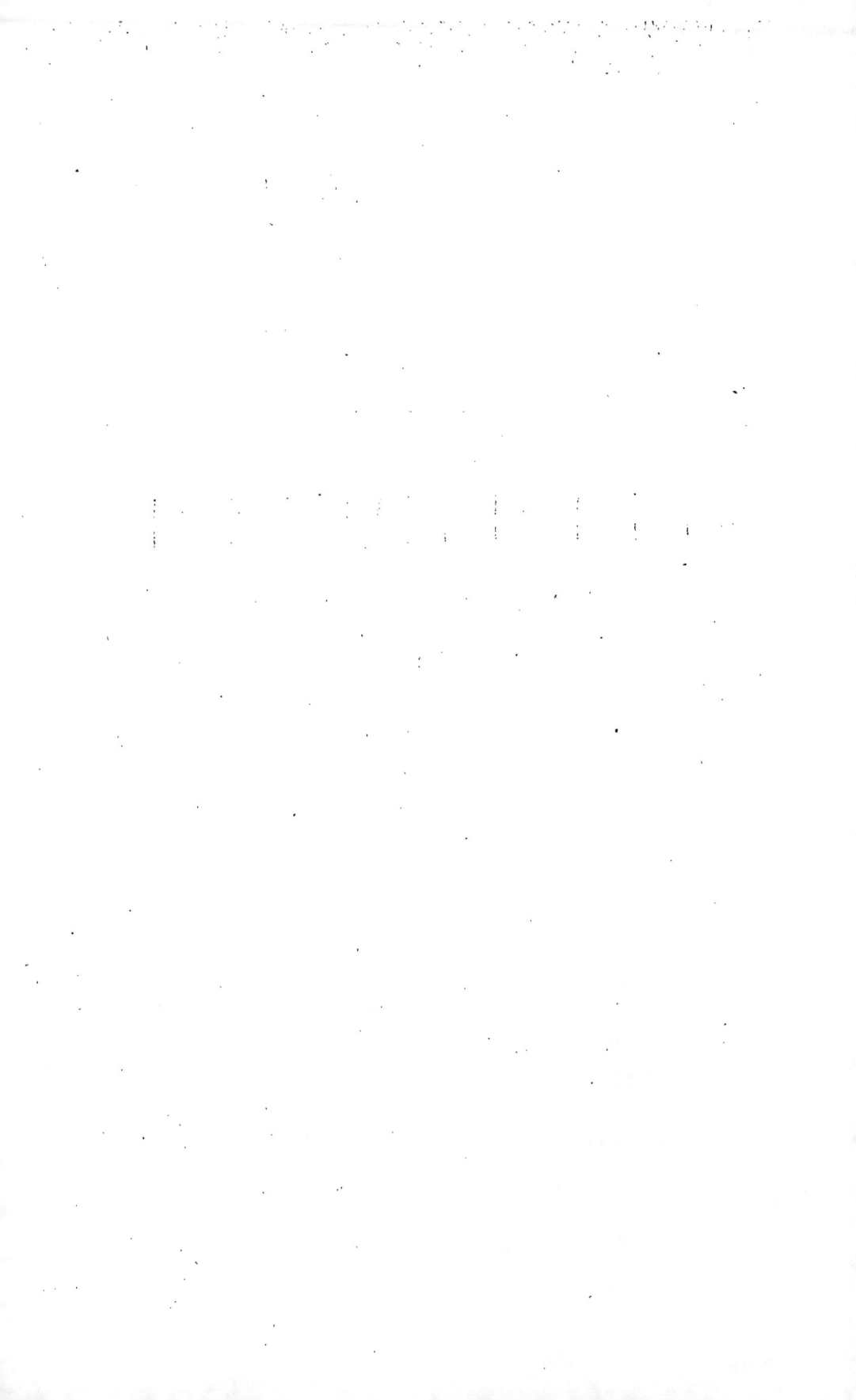

PRÉLIMINAIRES

Un de nos plus éminents jurisconsultes de l'école moderne a dit, en traitant de la philosophie du louage, que ce contrat est, dans nos sociétés modernes, un de ceux qui exercent le plus d'influence sur la prospérité publique ; il associe aux jouissances de la propriété, ceux qui ne sont pas propriétaires ; il est le nerf de l'agriculture, cette mère nourrice des Etats, à qui il donne des colons laborieux et intéressés à ses progrès. Tour à tour, il recrute cette milice industrieuse, qui féconde nos champs, ou alimente et cherche à pacifier cette immense et frémissante armée qui prête ses bras à l'industrie manufacturière (1).

(1) TROPLONG. — *Du louage*, t. 1, préface, p. IX.

Il y aurait témérité à attribuer à l'emphytéose un rôle aussi prépondérant dans notre industrie agricole contemporaine, où la propriété rurale tend à succomber sous les deux tendances de l'individualisme et de la liberté. Le domaine de la propriété est aujourd'hui trop morcelé et trop florissant pour rendre aussi courante la pratique de l'emphytéose qui s'accommode surtout des grandes propriétés en friche.

Mais le rôle utilitaire de l'emphytéose est toutefois assez accentué pour que le législateur lui donne une place dans notre législation. Cette utilité se manifestera surtout dans notre empire colonial, où le territoire ne sera pas seulement exploité par de grands capitalistes. Le contrat d'emphytéose sera la ressource des colons pauvres qui fourniront leur travail, sous condition d'une longue jouissance, aux sociétés et aux bailleurs de fonds qui auront pu lui faire les avances nécessaires pour le défrichement d'une terre ou l'exploitation de la concession.

Nos communes modernes et les établissements publics, ne pouvant exploiter leurs immeubles ni les surveiller aussi exactement que le feraient des particuliers, trouveront, dans une sage règlementation de l'institution de l'emphytéose, des bienfaits que la précarité du simple bail est incapable de fournir.

Actuellement encore, la protection de la petite culture s'impose de plus en plus ; et pour les fermiers courageux, qui n'ont que leurs bras comme ressource, trop souvent exposés à être dépossédés de leurs fonds, après un bail plus ou moins court, le bail emphytéotique peut être d'une grande utilité.

En présence de ces besoins, la vieille emphytéose romaine devient une œuvre d'actualité.

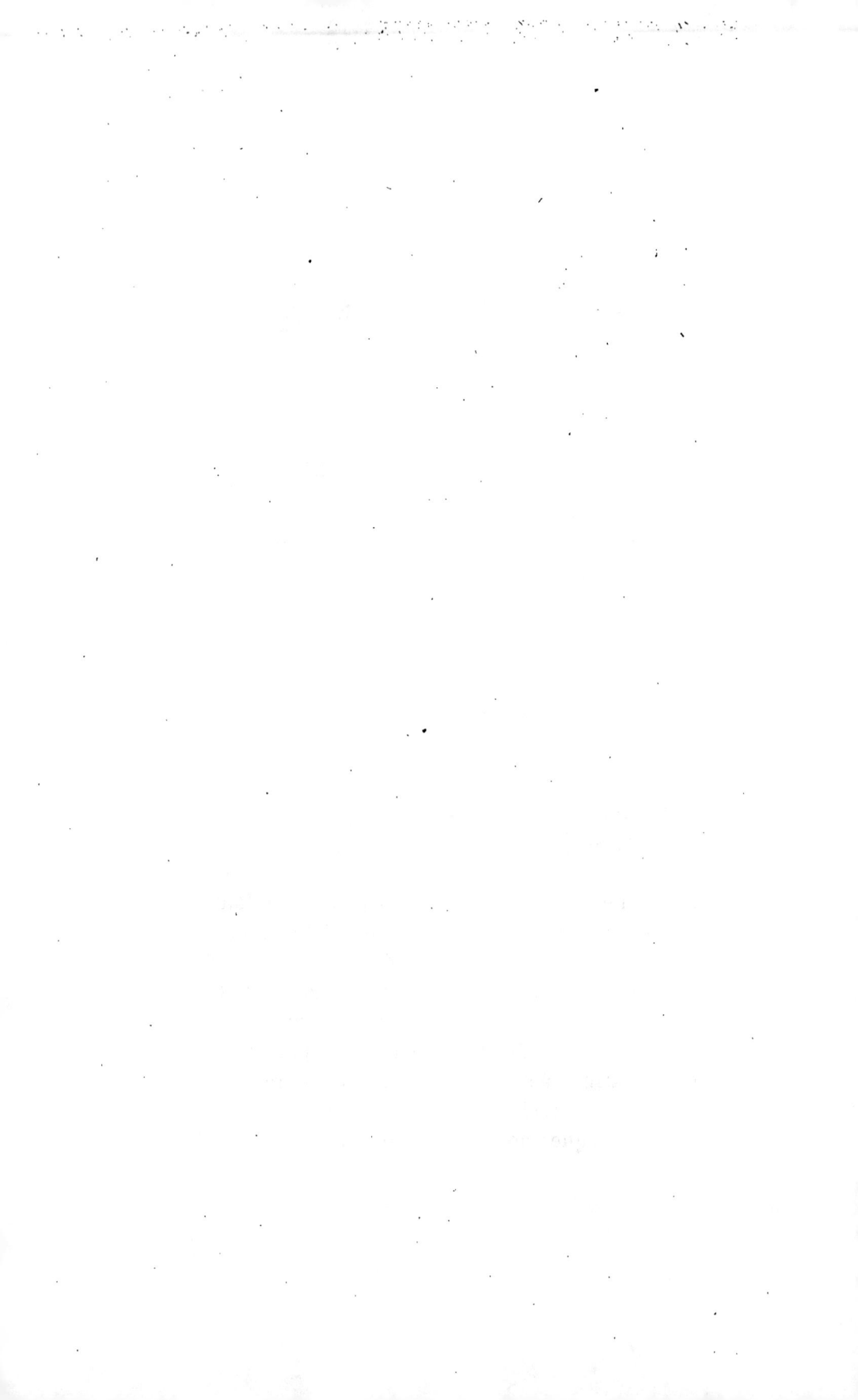

DROIT ROMAIN

PREMIÈRE PARTIE

Antécédents de la théorie de l'Emphytéose
Dans le Droit Romain.

SECTION PREMIÈRE

Généralités.

Avant d'aborder l'étude de l'emphytéose, dont les origines se perdent dans la nuit des temps, et de ressusciter le rôle qu'elle joua dans les efforts du gouvernement impérial romain pour faire fleurir la culture sur les terres communales et domaniales en proie au plus déplorable abandon, nous devons faire un exposé succinct de la propriété foncière à Rome. Nous analyserons les différentes formes qu'elle a revêtues et les divers systèmes d'exploitation qui ont contribué à son développement. Ce travail nous facilitera la recherche des origines de la tenure emphytéotique ; nous verrons si c'est une institution foncièrement romaine ou bien étrangère, implantée à Rome, par les empereurs, pour les besoins de l'agriculture.

SECTION II

L'ager publicus.

§ I. — *Sa formation et composition.*

On peut définir *l'ager publicus*, tout immeuble foncier sis sur le territoire de *l'ager romanus* ou de *l'ager perigrinus* ou *provincialis* et appartenant au peuple romain, considéré comme personne morale. En d'autres termes, *l'ager romanus* et *l'ager perigrinus* se divisent en *ager privatus* et *publicus*.

Cet *ager publicus* était immensément vaste au début, car son domaine comprenait, non seulement cette portion du territoire de *l'ager romanus* exclue du partage primitif, qui était affectée à des droits d'usage ou de parcours, mais encore les riches propriétés que s'attribuait le peuple romain dans les conquêtes des cités. L'Afrique, l'Espagne, la Sicile, la Macédoine, la Bithynie, où Rome avait imposé ses armes victorieuses, avaient augmenté l'imposante richesse de ce domaine public.

Mais cet *ager publicus* se restreignit tous les jours davantage, grâce aux convoitises des propriétaires, qui n'hésitaient pas à arrondir leurs domaines particuliers par des usurpations sur les biens de l'Etat. A l'époque de Cicéron, il ne restait de cet immense domaine que *l'ager campanus*, tombé aux mains des Romains, après la bataille de Cannes.

Comment Rome exploitait-elle ce vaste domaine?
L'administration romaine a plusieurs moyens de
tirer profit de cette portion de territoire, moyens
généralement inspirés par cette pressante préoccu-
pation de maintenir sa suprématie chez les peuples
vaincus et d'alimenter le trésor public, ruiné par
les besoins de la guerre.

§ 2. — *Modes d'exploitation.*

A. — AGER SCRIPTUARIUS. — Le premier mode d'exploitation consistait à réserver aux citoyens romains,
l'usage commun d'une portion de *l'ager publicus*,
sous la stipulation d'une redevance annuelle, appelée
scriptura.

S'il faut en croire le témoignage de Pline, pendant
longtemps, le peuple n'eut pas d'autres revenus :
« Etiam nunc in tabulis censoriis pascua dicuntur
omnia ex quibus populus reditus habet, quia diu hoc
solum vectigal fuerat. » Les pasteurs devaient déclarer le nombre d'animaux qu'ils voulaient faire paître,
et le *publicanus* l'inscrivait sur son registre. La
scriptura était la base du compte à intervenir. On
désigna aussi sous ce nom la redevance elle-même;
elle avait été de bonne heure affermée aux publicains.

Le *jus pascendi* était-il le privilège des patriciens,
à l'exclusion des plébéiens? Problème très délicat à
résoudre, car les éléments d'investigation en ces
temps reculés font essentiellement défaut.

Certains historiens affirment que le *jus pascendi*
était un privilège dont bénéficiaient seulement les

patriciens. Cette thèse repose uniquement sur cette
considération que les patriciens, dans les premiers
temps de Rome, étaient les maîtres absolus du
pouvoir.

Il serait téméraire d'affirmer à notre tour l'exactitude de cette solution, puisque, d'après l'histoire
de la propriété foncière à Rome, on doit tenir pour
constant qu'à la fin du III° siècle, les plébéiens
jouissaient avec les patriciens de ce *jus pascendi* (1).

B. — Assignations et colonies. — Lorsque *l'ager
publicus* s'étendit, il comprit des terres labourables
et susceptibles d'un bon rapport: Une sage administration ne devait pas les laisser en pâturages; les
Romains les assignèrent et en formèrent des colonies, les vendirent ou en concédèrent la simple
jouissance.

La formation des colonies et l'assignation collective
des terres sans colonie, correspondaient à une pensée politique très ingénieuse et très pratique: On
caressait l'espoir de chasser des murs de Rome,
cette populace exotique, avide de troubles et d'anarchie, en excitant leurs convoitises par l'appât de
riches propriétés foncières. Mais la colonie se sépare
de l'assignation par des différences capitales: la
cause particulière qui la fait créer, l'autorité qui
l'institue, la constitution politique qui lui est conférée et un mode particulier de distribution de terres.

_____

(1) La teneur des lois agraires fournit en faveur de notre solution
une preuve décisive. Proposées par les tribuns en faveur de la
Plèbe, elles l'auraient appelée, sans nul doute, au partage des jouissances communes, si elles lui avaient été jusqu'alors refusées. —
(Garsonnet. — *Loc. perp.*, p. 84).

Les terres assignées, avec ou sans fondation de colonie, transféraient sans doute la propriété. « Ces fondations donnaient lieu à des formalités particulières qui ne doivent pas étonner chez un peuple porté aux formules et aux solennités. Le pouvoir législatif intervenait d'abord pour faire une loi indiquant la conversion du bien en propriété particulière, mentionnant les conditions et les devoirs qui pouvaient compéter aux futurs colons » (1). Les agrimensores donnaient ensuite un caractère spécial à la fondation, lui imprimaient le caractère religieux, en même temps qu'ils procédaient au mesurage officiel en confectionnant des lots d'après le rang ou le grade de chaque colon. C'est de là que viennent les qualifications d'*agri assignati et divisi*, *agri limitati*. Cette cérémonie solennelle qui préside aux assignations indique qu'il y a là constitution d'une propriété privée plutôt que location.

C. — AGER VECTIGALIS. — Les monuments de l'histoire romaine parlent aussi des locations du domaine public, soit pour une période quinquennale, soit, plus fréquemment, pour une période de cent ans ou même à perpétuité. Ces locations étaient faites moyennant le paiement d'une redevance appelée *vectigal*, dont la perception était assurée par les publicains. Les terres affermées étaient appelées *agri vectigales*, et le droit conféré au preneur, *jus in agro vectigali*.

D. — POSSESSIONES. — Cette question présente dans l'histoire de la propriété un caractère très impor-

_____

(1) M. LEFORT. — *Hist. des loc. perp.*, livre 1, chap. III.

tant. Le domaine de l'*ager publicus*, approprié sous le nom de *possessiones* par le riche patriciat romain, et sur lequel il installait d'immenses troupeaux d'esclaves, fut en quelque sorte le point de mire des revendications plébéiennes.

Le sol de l'*ager publicus* n'était pas absorbé par les assignations coloniales ou individuelles, ni par les ventes ou par les locations opérées par le questeur ou le censeur. Mais les terrains restés libres n'étaient pas les meilleurs, car les meilleures terres dont l'exploitation était facile avaient été attribuées aux vétérans devenus des colons, ou bien aux bénéficiaires d'assignations individuelles ou aux preneurs vectigaliens.

Les *possessiones* de *l'ager occupatorius* étaient la prérogative du premier occupant. Cette forme élémentaire d'appropriation et l'absence d'un contrat d'affermage régulier faisaient donner à ces terres le nom d'*agri occupotorii vel arcifinales*, par opposition aux *agri limitati*.

Pour avoir une notion bien nette de la pratique des occupations, il faut se représenter la configuration du monde antique. Le monde du littoral méditerranéen vivait sous un système municipal où chaque cité avait une administration propre. Une partie du territoire de chaque cité fut de bonne heure conférée aux *gentes* et aux *domus*, constituant ainsi l'*ager privatus*, c'est-à-dire la zone de la propriété privée.

Plus loin, s'étendaient les *sylvœ pascuœ* et les terrains en friche incultes, formant une autre zône que les cités défendaient contre les entreprises des peuples voisins, pour faire respecter l'intégralité du territoire. Mais elles toléraient l'appropriation des terres en friche par les groupes sociaux dépendant d'elles, au point de la favoriser même, car cette attache nouvelle au sol augmentait la force de la cité. La cité favorisait ainsi ces usurpations individuelles, parce qu'elle n'exerçait sur ces terres qu'un simple droit de souveraineté et non un droit de propriété.

Cette zône inculte se peuplait de deux façons différentes. Tantôt c'étaient les riches particuliers de la cité qui entreprenaient le défrichement de ces terres en y installant des clients ou des esclaves. L'histoire de l'Odyssée est un exemple de cette pratique. Lorsque Ulysse, évoquant l'âme de sa mère devant la fosse où il a égorgé de nombreuses victimes, lui demande ce qu'est devenu son père, l'ombre lui répond qu'il a quitté Laërte, son domicile, pour aller s'installer sur la frontière de la cité.

Tantôt, au contraire, et c'est le deuxième procédé, c'étaient de pauvres gens de la plèbe rurale, qui se fixaient sur le sol et demandaient à la cité aide et protection. Mais cette plèbe rurale, d'origine incertaine, qui n'avait pas de représentants parmi les *gentes*, devait, pour se faire agréer, choisir un patron. Ce choix établi, ces gens devenaient des clients.

Romulus indiqua à chaque misérable cultivateur la personne qui serait son patron. La double exploitation du sol par les patriciens et les clients et les esclaves se perpétua en s'étendant à toute l'Italie et au monde entier. C'est de ce régime mixte qu'est né le régime seigneurial et la féodalité, qui n'est que l'accouplement du régime seigneurial et du régime foncier.

La nature du droit des occupants a subi plusieurs métamorphoses dont l'histoire est intéressante.

A l'origine, le seul fait de l'occupation du sol constituait un véritable droit de propriété. Mais ce *dominium* s'évanouissait par le seul abandon du sol primitivement occupé. C'est ce que dit Festus dans la définition de l'*ager occupatorius*.

La propriété à l'origine résulte donc du seul fait de l'occupation, propriété qui se conservait jusqu'au simple abandon. Cette pratique est encore en honneur dans l'empire musulman. Mais cette situation se transforma quand l'Etat s'aperçut qu'il formait une personne juridique ; il métamorphosa alors son droit de souveraineté sur ces champs incultes en un véritable droit de propriété quiritaire. Dès lors, les personnes qui s'installaient en vertu du droit du premier occupant sur ces landes de terrain, n'étaient que de simples *possessores*, c'est-à-dire de simples détenteurs, la propriété du sol étant réservée à l'Etat. Ils avaient une possession précaire, révocable *ad nutum*. Mais cette possession fragile se consolida dans la suite. Quand plusieurs générations eurent dépensé leur argent à défricher ces terres incultes, au point d'opérer une transformation complète du sol, il eût été injuste de dépouiller ces *possessores*, qui avaient accru la richesse foncière du pays.

Malgré la respectabilité de leurs droits consolidés par le temps, les possesseurs se virent menacés par les crises agraires, fomentées par les tribuns du peuple.

Appien dit que les *possessores* devaient payer à l'Etat la dîme des céréales et le quint des arbres fruitiers.

Mais il est probable que primitivement les occupants étaient exempts du paiement de toute indemnité, car l'Etat avait un intérêt supérieur à la culture du sol.

De tout temps, les grandes familles patriciennes concédaient à leurs clients, sur leur demande et par faveur, des parties plus ou moins étendues de *l'ager publicus* qu'elles possédaient. C'est de ces concessions qu'est née la pratique du précaire qui remonte aux temps les plus anciens du patriciat. C'est ce que nous dit Festus dans un texte, où, sans parler du précaire, il y fait manifestement allusion sous le mot *patres* : « ils sont dits *patres*, parce qu'ils distribuaient leurs terres aux petites gens comme à leurs fils. »

Sous le régime de la gens, les terres ne pouvaient être concédées aux clients autrement que sur leur demande expresse. Les petites gens, pour avoir aide et protection, offraient en retour la propriété des terrains défrichés.

Lorsque l'Etat fut assez puissant pour garantir à chacun la sécurité, cette pratique n'en persista pas moins; mais c'est sous l'influence d'autres considérations qu'elle se perpétua. Les pauvres, ruinés par le délaissement de la culture, imposé par le fléau de la guerre, se voyaient contraints, revenus dans leurs foyers, de solliciter des emprunts destinés à l'exploitation des terres. Comme l'hypothèque n'existait pas, les emprunteurs, pour garantir au préteur la solidité du placement, aliénaient leurs biens avec stipulation de *fiducie*, leur promettant de reprendre leurs biens après leur libération. Mais comme le remboursement devenait souvent impossible, ils finissaient par abdiquer le droit de propriété.

Il est fait allusion à ces faits dans un passage d'Isidore de Séville et de Tite-Live, où un centurion raconte que l'accumulation de dettes lui a fait perdre son champ paternel préalablement engagé.

C'est aux *possessiones* de l'*ager publicus* que les savants Niebühr et Savigny ont rattaché l'origine des interdits.

SECTION III

L'ager victigalis.

Dans l'antiquité, les cités formaient des personnes morales, privilège important qui leur conférait le droit d'avoir un patrimoine. Le patrimoine des cités se divisait en deux parties : d'abord, les *res communes, communia singulorum*, qui sont le patrimoine public et qui comprennent les remparts, théâtres, cirques, bains, champs de course, arênes; et ensuite le patrimoine privé : créances, terres cultivables, revenus.

Comment les cités tiraient-elles parti du patrimoine privé? Faisaient-elles des baux ordinaires de cinq ans? Adoptaient-elles, au contraire, le système des longues concessions? « L'avantage des baux de courte durée, qui est, dit M. Pépin le Halleur (1), de ne pas mettre obstacle aux aliénations, n'existe pas pour les villes, qui aliènent rarement; l'inconvénient de ce bail consiste à ne pas donner aux fermiers assez d'intérêt à améliorer le fonds, et il est d'autant plus à redouter pour les villes qu'elles n'ont pas les mêmes moyens de surveillance que les particuliers. » Les textes établissent que les deux systèmes des simples locations et des longues concessions furent simultanément employés. Cette pratique s'explique clairement par la diversité des terres dont la cité était propriétaire. « Pour l'exploitation des terres labourables, dit M. Tocilesco (2), les cités se servaient sans doute du bail à ferme ordinaire, et il est probable qu'elles devaient l'appliquer aux terres les plus productives, pour l'utilisation desquelles les règles du louage ordinaire suffisaient. Mais leur domaine, au moment de sa fondation, étant presque uniquement formé de terres en friche, incultes ou par trop éloignées des centres de production, les cités ne trouvaient pas trop de preneurs aux conditions ordinaires du contrat de louage. Elles employèrent, à l'exemple de Rome, des concessions perpétuelles ou de cent ans, conférant au premier sur le fonds un droit réel, qui le rendait presque égal au propriétaire lui-même. »

C'est à ce dernier genre d'exploitation que s'appliquait le contrat vectigalien, le *jus in agro vectigali*, et les fonds ainsi concédés s'appelaient *agri vectigales*, tandis que les fonds auxquels on appli-

---

(1) PÉPIN LE HALLEUR. — *Histoire de l'emphytéose*, 1ʳᵉ partie, §V.
(2) TOCILESCO. — Thèse : *Etude Hist. et Jurid. sur l'emphytéose*, p. 23, 24.

quait le contrat ordinaire de louage s'appelaient *agri non vectigales.*

On a agité le problème de savoir si le contrat vectigalien était applicable aux *prædia urbana,* autres que ceux laissés par les villes *in usu publico.* Les textes ne parlent jamais que d'*ager,* de *fundus vectigalis.* La rubrique du livre VI, t. III, au Digeste, est particulièrement significative : *Si ager vectigalis petitur.* Il n'y a qu'un seul passage d'où l'on puisse conjecturer que ce droit s'appliquait à des maisons : c'est la loi 15, § 26, au Digeste, *de damno infecto* (1) ; il s'agit de la *cautio damni infecti* et le texte parle d'*ædes vectigales.* Doneau exprime l'espoir, pour concilier l'antinomie de ces différents textes, que ces derniers termes font allusion aux maisons qui auraient été élevées sur le sol vectigalien. Cette explication fort simple a le privilège de mettre d'accord ce texte isolé avec tous les autres textes qui ne parlent que de *prædia rustica.*

Les concessions vectigaliennes étaient habituellement perpétuelles : « Loi sage et utile, dit Troplong (2), pour fixer les cultivateurs et encourager le travail. Lorsque l'étendue des terres est hors de proportion avec le nombre de ceux qui les possèdent, les concessions perpétuelles sont d'un usage constant et général : le Moyen-Age offre une nouvelle preuve de cette vérité. »

Toutefois, il y avait de nombreux exemples de concessions de biens communaux faites à temps.

(1) ULPIEN, 15, § 26. — *D., de damno infecto.*
(2) TROPLONG. — *Du louage,* t. 1er, p. 111.

Paul lui-même nous apprend cette circonstance, mais il paraît qu'elle sortait des habitudes ordinaires et que les véritables tenures vectigaliennes étaient perpétuelles.

Le *jus in agro vectigali* conférait des prérogatives analogues à celles de la propriété, sans cependant se confondre avec elle.

Le concessionnaire avait une entière liberté dans le choix du mode de culture. Il n'y avait à cet égard aucune prescription assignant au sol loué une destination spéciale.

Comme le propriétaire, le preneur vectigalien avait le droit de disposer par acte entre-vifs ou à cause de mort, le fonds loué (1). Toutefois, en vertu du principe juridique que nul ne peut transférer à autrui plus de droits qu'il n'en a lui-même, le bénéficiaire de cette disposition n'était qu'un simple substitué aux droits du preneur originaire.

Le droit vectigalien passe à tous les successeurs, universels ou singuliers, à titre de légataires ou héritiers. Les *vectigalia* peuvent donc faire l'objet d'une action *familiæ erciscundæ* et *communi dividundo*. Ulpien recommande au juge de l'action *communi dividundo* (2) d'adjuger le fonds vectigalien en entier plutôt que par parts divises ; autrement, la perception de la redevance serait singulièrement compliquée ; il y aurait plusieurs redevables au lieu d'un seul, et peut-être s'élèverait-il des questions fort difficiles de responsabilité vis-à-vis de la ville, au

(1) Dig. — L. I, pr., *Si ag. vectig.* (VI, III).
(2) Ulpien. — 7 pr. D., *Comm. divid.*

cas où l'un des adjudicataires ne payerait pas le vectigal. Mentionnons, à côté des actions *familiæ erciscundæ* (1) et *communi dividundo* l'action en bor-
nage (2) qui appartient au preneur vectigalien
comme au propriétaire et à l'usufruitier.

L'*action conducti* appartenait au concessionnaire
du bail vectigalien comme à tout fermier. Le Préteur lui accorda en outre une action *in rem utilis,*
à laquelle Ulpien donne le nom de *vectigalis actio.*
Armé de ce nouveau droit, le titulaire pouvait faire
respecter ses droits méconnus par le propriétaire ou
par un tiers, sans recourir aux complications d'une
cession d'action.

Aucun texte ne nous rappelle la formule de cette
action. Le bénéficiaire du *jus in agro vectigali*
avait encore à sa disposition les actions *arborun
furtim cæsarum* et *aquæ pluviæ arcendæ,* actions
refusées à l'usufruitier, et l'interdit spécial *quomi-
nus loco publico,* accordé par le préteur à toute
personne ayant la jouissance du fonds public,
affermé moyennant le paiement d'une redevance.
Un texte de Paul (3) accorde l'action publicienne
au preneur vectigalien : *in vectigalibus et in aliis
prædiis quæ usucapi non possunt, Publiciana com-
petit, si forte bona fide mihi tradita sunt.*

« En présence de droits aussi étendus, dit M.
Tocilesco, d'avantages équivalents à la propriété
conférés par la concession vectigalienne, les juris-

(1) L. 10 D., *fam. ercisc.*
(2) L. 4 § 9, D., *fin. reg.*
(3) 16 D., 8, 1.

consultes romains se posèrent la question si importante et si longuement débattue de savoir qu'elle était la nature du *jus in agro vectigali* : si c'était une vente dont le prix aurait consisté en annuités ou un simple louage. Sur une foule de points, la controverse n'existait pas, puisqu'on se trouvait en présence de solutions législatives déjà données, soit par des jurisconsultes, soit par les empereurs. C'était sur les points laissés sans solution, comme par exemple : la solution des risques et périls du fonds ou de la récolte, qu'il était intéressant de savoir laquelle des deux théories était applicable. (2) »

Ce problème de la nature juridique du contrat vectigalien a donné lieu à de très intéressantes controverses. Certains auteurs, en présence des droits très étendus qui appartenaient au bénéficiaire du *jus in agro vectigali*, et notamment de son pouvoir de transmission du sol à titre gratuit ou à titre onéreux, par acte entre-vifs ou à cause de mort, et des actions multiples dont ne jouissait pas le simple locataire, soutenaient que c'était une vente.

Un parti contraire disait que le contrat vectigalien était un véritable louage, en présence de la redevance annuelle que devait fournir le preneur vectigalien, sous peine de voir son droit résolu de plein droit. C'est cette dernière opinion qui finit par l'emporter, et Gaïus, faisant allusion à cette dispute juridique, disait : « *Sed magis placuit locationem conductionemque esse.* »

(2) M. Tocilesco, thèse. — *Etude hist. et jurid. de l'emphyt.*, p. 32.

La conséquence de cette assimilation du contrat vectigalien au louage était que les difficultés juridiques auxquelles pouvait donner lieu ce contrat, et qui n'étaient pas résolues par un texte, devaient être tranchées d'après les principes applicables en matière de louage.

Si le preneur vectigalien avait des droits presque égaux à ceux d'un *verus dominus,* il avait aussi des obligations.

Il devait payer annuellement la redevance stipulée dans le contrat, s'il ne voulait pas encourir les chances d'une résolution de son droit. Ces annuités consistaient, soit en une somme d'argent, soit en biens en nature. Le taux de cette redevance variait à l'infini, suivant le temps, les lieux et la nature des biens concédés. En général, le preneur donnait le dixième du produit; de là, l'expression *decumani* qu'on donnait au fonds et au preneur vectigalien lui-même.

Si le vectigal n'était pas payé pendant deux années consécutives, le droit du preneur se trouvait immédiatement résolu. Cette sanction, encourue par le preneur, est une nouvelle preuve des liens étroits qui rattachaient le bail vectigalien au louage. Mais le preneur vectigalien, comme le fermier, avait droit, durant les années stériles, à une remise proportionnelle dans le paiement de l'annuité.

Mentionnons encore, parmi les obligations du preneur vectigalien, qu'il payait l'impôt foncier et qu'il était obligé de maintenir le fonds en bon état, puisque la cité peut un jour le revendiquer, même au cas où le contrat est perpétuel, pour défaut de paiement du canon.

Des explications qui précèdent, il résulte qu'une grande différence se faisait remarquer entre les concessionnaires de l'*ager vectigalis* et les *possessores* de l'*ager publicus*. Les *possessiones* étaient perpétuellement révocables ; lorsque la République usait de son droit de retrait, il fallait courber la tête et obéir ; au contraire, le conducteur de l'*ager vectigalis* ne pouvait jamais être dépossédé, tant qu'il payait exactement le canon. Troublé par la cité, il avait le droit d'agir contre elle pour se faire maintenir.

SECTION IV

Des fonds provinciaux.

Nous devons présenter une analyse succincte de la condition des fonds provinciaux, car certains auteurs ont cru voir dans le *provinciale solum* l'origine de l'emphytéose.

On sait que, d'après les principes du droit international des Romains, le droit de la guerre conférait au vainqueur des pouvoirs tyranniques. Le territoire conquis devenait la propriété de la République et le vaincu grossissait parfois le troupeau d'esclaves dont Rome peuplait son enceinte.

Il faut avouer toutefois, pour rendre hommage à la vérité des faits, que ces pratiques barbares n'étaient pas suivies avec le rigorisme qui les caractérise. Une annexion générale eût été inutile, car le

domaine de l'Etat serait devenu trop considérable,
et le peuple, épuisé par les guerres, n'eût pu fournir
assez de colons pour occuper de si vastes terri-
toires. C'est pourquoi, après la défaite, les vaincus,
exception faite des malheureux qui escortaient le
char du général vainqueur, entrant triomphant dans
Rome, conservaient la liberté et la possession de
leurs biens.

Une conséquence naturelle de cette manière d'agir
était d'imposer aux possesseurs une redevance annuelle pour la jouissance que Rome avait bien voulu
leur accorder. C'est l'origine de l'impôt foncier
dont le *solum provinciale* était grevé, et dont l'Italie
et les villes situées hors de la péninsule, qui jouissaient du *jus italicum*, restèrent exemptes jusqu'au
troisième siècle de l'ère chrétienne.

Ainsi, par l'effet de la conquête, le peuple romain
ou le souverain, s'attribua un droit supérieur, une
sorte de domaine éminent, sur tous les fonds provinciaux.

Suivant Niebühr et Savigny, la propriété de l'Etat
dans les provinces n'était qu'une fiction inventée pour
légitimer l'impôt imposé par les droits de la guerre.

La perception de la redevance du *vectigal* était le
seul attribut du domaine éminent retenu par l'Etat:
le fisc n'avait jamais le droit de résolution, faute de
payement de la vente, et les confiscations, faites par
les empereurs, des fonds provinciaux, pour les concéder aux vétérans ne furent qu'un acte exercé en
vertu de l'omnipotence impériale.

La charge de l'impôt, qui pesait sur les fonds provinciaux, établissait nettement qu'ils n'étaient pas

susceptibles de propriété, *optimo jure,* de *dominium ex jure quiritium,* lequel appartenait exclusivement à l'Etat ; ils ne pouvaient faire l'objet que d'une propriété de fait, c'est-à-dire de la possession et de la jouissance ; de là, des différences importantes avec les fonds italiques.

On peut dire en premier lieu que le fonds italique est compté dans l'évaluation de la fortune du citoyen romain, dont le cens se trouve augmenté. Il n'en est pas de même de la propriété provinciale. C'est un point capital, car, dans l'organisation des comices par centuries, le cens est pris pour base de la classification des citoyens.

Le fonds provincial est *res nec mancipi* et ne comporte ni *mancipatio* ni *in jure cessio,* mais la tradition ; il y a même, entre les *res nec mancipi* ordinaires et les fonds provinciaux, cette différence que la tradition qui transfère le *dominium ex jure quiritium* des *res nec mancipi* ne donne jamais sur les fonds provinciaux qu'un droit comparable à celui du propriétaire bonitaire et protégé par des intérêts et une action *in rem utile.* Les principes du droit civil régissaient au contraire les fonds italiques.

La protection de la *rei vindicatio* et des interdits possessoires couvrait le fonds italique ; le fonds provincial n'était garanti à ses débuts que par le bénéfice des interdits.

Le possesseur d'un fonds provincial ne pouvait grever ses biens que de servitudes prétoriennes. L'inhumation d'un cadavre ne le rendait pas religieux dans la rigueur du droit, bien qu'en pratique, on le tînt pour tel. On n'y prenait pas d'auspices valables, à moins de l'avoir assimilé fictivement au sol italique. Telle est l'opinion de Gaïus, dans le Commentaire, 11, § 7, de Pline le Jeune, dans les Epist. X, 59, et de Tite-Live.

Mais la différence entre ces deux propriétés, qui portait sur le mode d'acquisition et de transfert de droits réels, s'atténua sous Dioclétien, par l'application de l'impôt à toute l'Italie et à toutes les cités jouissant du *jus italicum* et par la prééminence du droit prétorien sur le *jus civile*.

Il y avait cependant de nombreux points de ressemblance entre les fonds provinciaux et l'*ager vectigalis*. Le paiement de la redevance s'appelle également *vectigal*, dont la perception se faisait, tantôt directement par l'Etat, tantôt par l'intermédiaire des publicains. Cette redevance consistait également, soit en argent, soit en nature, et le *quantum* variait suivant la nature et l'étendue des tenures vectigaliennes et suivant les différentes catégories des provinces. Le droit du possesseur provincial et vectigalien était habituellement perpétuel.

Mais une différence capitale séparait les fonds provinciaux de l'*ager vectigalis* :

L'*ager vectigalis* était la portion des terres de l'*ager publicus* concédées par les censeurs à des preneurs en retour d'une redevance annuelle ; le *provinciale solum* était le sol que l'Etat, après la conquête, avec laissé à ses anciens propriétaires, en les astreignant au payement du *vectigal*.

Le défaut de paiement du *vectigal* par le preneur vectigalien entraînait la résolution immédiate de ses droits, tandis que le non paiement du *vecti-*

gal par les possesseurs provinciaux ne conférait à
l'Etat que le droit d'user d'une voie spéciale d'exécution : la *pignoris capio*.

SECTION V

De la propriété à l'époque impériale.

La fin de la République marque l'avènement d'une
ère nouvelle avec l'apparition des *latifundia*, dont
les troubles ont rempli l'histoire de Rome, et qui,
d'après l'enseignement de Pline, ont perdu la République et les provinces romaines.

Sénèque déplore comme un fléau l'étendue déme-
surée des propriétés et remarque que les rivières
qui avaient jadis séparé les nations ennemies, tra-
versaient maintenant les domaines d'un simple particulier.

Comment se sont formées les *latifundia* ? Ce n'est
pas une cause unique, mais une série de causes
qui trouvent leur origine dans la transformation
de la société, qui ont fait épanouir ces trop grandes
richesses accumulées sur une seule tête.

Au point de vue chronologique, la première cause
de l'avènement de la grande propriété est la consolidation de la possession entre les mains des *possessores* de l'*ager publicus*, opérée sous les Gracques,
en vertu des lois de réaction. C'est là le germe de
cette primauté des *latifundia* sur la moyenne et la
petite culture.

Il semble presque impossible toutefois que cette
transformation du droit précaire des *possessores* de

l'ager publicus, en droit de propriété, ait eu pour conséquence cette concentration presque fabuleuse des patrimoines entre les mains de quelques privilégiés. Les lois agraires, en effet, et notamment les *leges semproniæ*, avaient limité le *jus occupandi* à 500 jugères par *paterfamilias* et à 250 par fils. Ce droit d'extension dans l'appréhension des terres n'était pas exagéré et peu propre à la constitution des *latifundia*.

Mais il n'est pas prouvé que la loi *Sempronia* ait été strictement suivie ; elle eut le même sort, sans doute, que les lois liciniennes (1), dont l'inexécution permit aux *possessores* de briser le cercle étroit de cette limitation nouvelle. En outre, les lois *semproniæ* n'avaient d'autorité que dans le domaine propre de l'Italie. La province n'avait pas à respecter cette loi de restriction qui n'était pas faite pour elle.

La deuxième raison de cette substitution des *latifundia* à la moyenne et petite propriété se place en l'an 660 de Rome, à l'époque de Sylla. Ce furent les accaparements des terres des proscrits par les partisans de Sylla, qui contribuèrent, pour la plus large part, à l'extension des *latifundia*.

Parmi les hauts personnages qui furent favorisés par Sylla, il faut citer les sept personnages auxquels on donna le nom des sept tyrans de la République.

L'établissement des *latifundia* eut pour conséquence la dépopulation et la stérilité des campagnes. La forte population libre, où se montraient

(1) PLUTARQUE, TIB. GRACCHUS (*Didot*, p. 987).

jadis les légions disparaissaient des vastes *latifundia* de l'Italie et des provinces, pour faire place à une population dépendante et servile. L'Italie, épuisée tout à la fois par les longues luttes intestines qui l'avaient si longuement déchirée et par les guerres incessantes que l'Empire devait soutenir contre d'innombrables barbares, toujours de plus en plus menaçants, avait vu le laboureur déserter ses champs pour venir chercher fortune sous les aigles des légions ou suivre la fortune d'un César. Les petites propriétés de *l'ager romanus*, les *bina jugera* des Cincinnatus, des Regulus, et des Fabius Cunctator n'étaient même pas suffisantes pour l'affranchi d'hier. Les sombres résultats d'une terre trop peu divisée apparaissaient manifestement, et l'Italie, admirablement dotée, au point de vue de la production agricole, devait, pour sa subsistance, recourir à l'Afrique et à l'Egypte, dont elle devenait la tributaire.

Telle était, en Italie, la situation néfaste de l'agriculture. Les guerres civiles lui avaient porté un premier coup fatal, la multiplication des impôts, les exactions des *procuratores*, qu'un législateur impuissant s'efforçait en vain de réprimer, la grande culture appliquée à un sol qui s'y refusait, devaient l'achever et la ruiner à tout jamais. Pline l'ancien a eu raison de dire : *latifundia perdedere Italiam* (1). »

Les empereurs, effrayés de la désertion des campagnes et de l'abandon de l'agriculture, s'ingénièrent

(1) *Hist. nat.*, XVIII, E. 11, 6.

à éteindre cette crise. Tibère contraignit les capitalistes à placer les deux tiers de leur argent en biens fonds situés en Italie (1). Trajan et Marc-Aurèle obligèrent les sénateurs étrangers à l'Italie, à acheter des immeubles (2). Constantin, Valentinien et Valens accordèrent des terres aux vétérans pour les mettre en culture, avec exemption de l'impôt et l'avance de quelque argent pour subvenir aux premières dépenses (3). Théodose assura aux cultivateurs des immunités importantes et perpétuelles. Les encouragements à l'agriculture n'étant pas suivis, on eut recours à la violence. Valentinien, Valens et Gratien autorisèrent les vétérans à s'emparer des terres négligées sans que le propriétaire puisse s'y opposer ni réclamer une part des fruits (4). Justinien enfin ordonna l'adjonction de toute terre inculte au fonds voisin cultivé et les *curiales* sont rendus responsables sur leurs biens de l'impôt des propriétés incultes qui se trouvent sans maître ou dont le maître est insolvable (5).

Les empereurs cherchèrent, en outre, à étouffer le mal en multipliant les concessions de leurs domaines et en imaginant de nouveaux modes d'exploitation. On voit alors apparaître l'institution du *jus pri-*

(1) Tacite. — *Ann.*, VI, 17.

(2) Pline le Jeune. — *Epist.*, VI, 19. Capitalinus, M. Antoninus, 11.

(3) Cod. Theod. — LL. 3 et 8, *De veter.* (VII, XX), const. Constantin, 320 ; Valentinien et Valens, 364.

(4) Cod. Theod. — L. 11, *De veter.* (VII, XX), Const. 373.

(5) Cod. Just. — L. 6, *De omn agr. des.* (XI, LVIII), Const. Valens, Valentinien et Théodose, 383.

vatum salvo canone, du *jus perpetuum salvo canone*, du *jus emphyteuticum* et du Colonat.

La doctrine du *jus privatum salvo canone* et du *jus perpetuum salvo canone*, offrant des relations étroites avec l'emphytéose, nous en exposerons successivement la théorie.

SECTION VI

Théorie du jus privatum salvo canone.

Le *jus privatum salvo canone* est le résultat d'une aliénation en pleine propriété d'un bien du domaine impérial. Ce *jus privatum*, conféré à l'acheteur, avait tous les caractères du *dominium* émanant du contrat de vente. Le fonds impérial était transféré à un particulier, qui s'engageait à donner en retour, non un prix fixe, mais une redevance annuelle et perpétuelle. Ce contrat ne paraît avoir été qu'un moyen ingénieux de favoriser la propriété privée, tout en sauvegardant la fortune impériale.

Deux Constitutions de Théodose et Valentinien prohibaient l'aliénation du domaine impérial, moyennant un prix ferme. La première (l. 13., C. J. *de fund patrim*) empêcha le transfert des fonds patrimoniaux, soit pour un prix unique, *empto canone;* soit moyennant une redevance : *salvo canone*. La seconde prohibe absolument l'aliénation des *fundi rei dominicæ demto canone* et autorise, par voie de conséquence, l'aliénation qui s'en ferait *salvo canone*.

Si les textes ne sont pas fertiles en renseignements sur la nature de cette concession, cela résulte de l'assimilation complète du bénéficiaire du *jus privatum* au *verus dominus*. Ce concessionnaire, ayant le titre et les prérogatives d'un acheteur, jouit de tous les droits et actions qui appartenaient à ce dernier.

Le prix d'achat du fonds impérial consistait toujours en une redevance périodique et perpétuelle, et quelquefois en un prix ferme. Mais il arrivait souvent que l'empereur, par esprit d'encouragement, faisait remise du payement du prix ferme.

Ce concessionnaire a donc la faculté de transmettre sa propriété, soit par acte entre-vifs, soit par acte à cause de mort, de la grever de servitudes et en vertu de la loi 12, de *fund. patr.* C. J., il peut librement affranchir les esclaves attachés au sol.

L'acquéreur était astreint à toutes les obligations du propriétaire et à l'impôt foncier.

Le défaut de paiement du canon constituait une condition résolutoire de la concession.

L'obligation de payer le canon étant personnelle, la transmission du fonds à un tiers n'éteignait pas l'obligation du premier acheteur. Quant à l'impôt foncier, malgré l'opinion de quelques auteurs, étant une charge du fonds, c'était au nouveau possesseur qu'incombait la responsabilité du payement.

SECTION VII

Théorie du jus perpetuum salvo canone.

Le *jus perpetuum salvo canone* est le droit émanant de la location perpétuelle appliquée au fonds du domaine impérial.

Dans cette tenure, il n'y a ni aliénation du domaine impérial, ni transmission dans le domaine privé ; les terres qui y sont soumises demeurent la propriété des empereurs et ne rentrent dans le patrimoine de l'acquéreur que relativement à la jouissance, et sous condition résolutoire du défaut de paiement de la redevance périodique.

Le *jus perpetuum* différait totalement du *jus privatum*, qui constituait un contrat de vente. Mais le *ius perpetuum*, abstraction faite de la durée, se confondait avec le bail. C'est ce qu'établit une Constitution des empereurs Gratien, Valentinien et Théodose.

La nature du *jus perpetuum* semblait s'identifier avec le *jus in agro vectigali* qui est une location à long terme. Les deux concessions sont, en effet, des locations perpétuelles appliquées à des biens du domaine public, et conférant des droits analogues à ceux d'un véritable propriétaire.

De cette assimilation du *jus perpetuum* aux droits du preneur vectigalien, il en résulte que les lacunes que présente ce contrat doivent être comblées par les principes du bail vectigalien.

Le *perpetuarius* avait, en conséquence, la plus entière liberté dans le choix des modes d'exploitation du sol ; il pouvait transmettre son droit par acte entre-vifs ou à cause de mort, à titre gratuit ou onéreux, sous la seule condition du paiement de la redevance périodique et perpétuelle, dont il supportait toujours le poids à titre d'obligation personnelle, à l'exemple du concessionnaire du *jus privatum* et du preneur vectigalien.

Le *perpetuarius* devait-il, préalablement à l'aliénation, obtenir l'autorisation du *dominus*? Ce problème a été vivement agité, et les solutions ne concordent pas. Certains jurisconsultes estiment que l'autorisation est nécessaire seulement dans les aliénations à titre gratuit. Une autre opinion, à laquelle l'éminent jurisconsulte Cujas a prêté l'autorité de son nom, enseigne que le titulaire du *jus perpetuum* n'a jamais eu le droit d'aliéner sans autorisation à un autre titre que celui de donation, même à charge de rester caution du concessionnaire.

Ce dernier système est trop restrictif et la loi 1 C. *de fund. patr.* 11, 61, doit recevoir une interprétation plus large. Cela résulte notamment de la loi 3 *de fund. rei. priv.* 11, 65, qui établit la responsabilité du preneur originaire, en termes généraux, sans établir aucune différence entre les divers titres d'aliénation.

Il faut donc repousser la doctrine de Cujas, malgré la puissance de sa valeur juridique, et admettre la nécessité de l'autorisation du juge, qui représente le fisc en cas d'aliénation à titre gratuit ou onéreux.

Mais le juge lui-même était-il obligé de donner l'autorisation sollicitée, ou au contraire avait-il la liberté de la refuser?

Les textes sont muets sur la question; et M. Vuy s'est abstenu, en se bornant à constater qu'une seule chose était nécessaire, la nécessité de l'autorisation. M. Pépin le Halleur est d'avis que l'autorisation n'est pas laissée à la discrétion du propriétaire, en se fondant uniquement sur la nécessité d'harmoniser la solution de la question avec la théorie d'une disposition de Justinien, qui reconnaît au *dominus* le droit de prélever le cinquantième du prix ou de l'estimation du fonds à chaque mutation à titre particulier.

Plusieurs Constitutions protégeaient le *perpetuarius*, en posant le principe d'irrévocabilité de son droit, malgré les offres d'un canon supérieur présenté par un tiers au *dominus*. Il faut avouer cependant que la perpétuité et l'irrévocabilité du droit du bénéficiaire du *jus perpetuum salvo canone* ne furent pas toujours respectées, et l'empereur lui-même était impuissant à protéger le *perpetuarius* contre les expulsions arbitraires que multipliaient les agents du fisc. Le *perpetuarius* se voyait même parfois contraint de subir les modifications apportées dans l'estimation de la redevance annuelle, changements occasionnés par le remaniement du cadastre et les variations du taux de l'impôt foncier.

Le *perpetuarius*, à la différence du titulaire du *jus privatum*, n'avait pas qualité pour affranchir les esclaves attachés au fonds concédé.

Cette tenure, comme les précédentes, fut impuissante à activer les progrès de l'agriculture, entièrement délaissée, et que l'empire prenait à tâche de restaurer. C'est alors qu'on fit un dernier appel au seul mode d'exploitation, dont les salutaires bienfaits avaient arrêté en Grèce, la décadence de l'agriculture, à l'emphytéose, qui avait déjà rendu dans les provinces le secours attendu.

SECTION VIII

Origine et développement de l'emphytéose.

Après les développements historiques sur l'*ager publicus* et ses divers modes d'exploitation, il est temps de fixer l'origine du bail emphytéotique. La solution de ce problème est très difficile à formuler, car les investigations dans un passé lointain restent infructueuses.

Le problème de l'origine de l'emphytéose a donné naissance à cinq systèmes, dont nous allons exposer la théorie et faire la sélection de celui qui nous paraît le plus conforme aux principes historiques du droit.

A. — *Premier système.* — Certains auteurs ont cru trouver les origines de l'emphytéose dans les *possessiones* des fonds provinciaux. Cette doctrine est erronée, et Troplong a largement détruit la base juridique de ce système, en affirmant que, soit au début de l'histoire des *possessiones*, soit à l'époque des Gracques où surgit la théorie du domaine éminent et du domaine utile, aucune connexité étroite ne peut être établie entre ces deux tenures. Primitivement, la possession provinciale était trop fragile pour pouvoir être assimilée à l'emphytéose ; à la fin de la République, elle se confondait trop avec le *dominium*, dont elle revêtait tous les caractères pour y voir un point de contact avec l'emphytéose, qui se rapproche plutôt du contrat de louage.

B. — *Deuxième système.* — D'autres commentateurs du droit romain ont vu l'origine de l'emphytéose dans les *possessiones* de *l'ager publicus.*

Cette thèse est inadmissible, en présence du caractère de précarité et de révocabilité *ad nutum* qui se rencontre dans le droit des *possessores.* Sans doute, on a essayé de tourner cette objection en établissant que l'Etat usait dans d'étroites limites de son privilège de révocation et qu'en fait la propriété était perpétuelle. Mais cette constatation ne prouve rien, car elle laisse en suspens la nature juridique des *possessiones* de *l'ager publicus.*

Certains partisans de ce système ont voulu corroborer leur opinion, en contestant au bail emphytéotique son caractère de permanence. Ils évoquent, à l'appui, certaines Constitutions des empereurs, prohibant aux agents du fisc la faculté de révoquer les emphytéoses. De cette défense de l'empereur, on a tiré cette conclusion que les premières emphytéoses étaient, comme les *possessiones* de *l'ager publicus,* précaires et révocables.

A ces arguments, on peut répondre que la violation des droits du preneur emphytéote ne prouve nullement la fragilité de ses pouvoirs. Cette constatation a seulement pour résultat de mettre en relief un nouvel abus dont les agents du fisc se montraient si prodigues dans la société antique. « Par d'intolérables abus de pouvoir, dit Troplong, le despotisme augmentait souvent les canons et expulsait les emphytéotcs qui refusaient de les payer. Les intrigues des délateurs, cette peste de la cour impériale, s'agitaient pour troubler la sécurité des provinciaux et des possesseurs, et lorsque l'avarice du prince trouvait un solliciteur ou un prétendant qui offrait une redevance plus forte que celle du possesseur, on lui adjugeait la concession, au mépris du droit acquis. Mais ces iniquités étaient l'effet de la violence ; elles attestent les écarts d'une tyrannie odieuse, et non pas l'exercice d'un droit, car elles s'exerçaient sur ce qu'il y avait de plus légitime, de plus irrévocable et de plus sacré. »

Le droit de l'emphytéote était, par sa nature, trop intangible, lorsqu'il payait régulièrement la redevance, pour voir la source de cette tenure dans la précarité et l'instabilité du droit des possesseurs de l'*ager publicus*.

C. — *Troisième système*. — Les défenseurs de ce système voient dans les assignations et les colonies l'origine du *jus emphyteuticum*.

Le nom de colonie et la dénomination *d'ager cultura assignatus*, qu'on trouve dans les *libri coloniarum*, à propos des terres de *Fundi*, sont les principaux arguments invoqués. On argumente encore d'un texte de Siculus Flaccus, où il est dit que les terres assignées n'étaient reprises par l'Etat que dans le cas où le détenteur venait à mourir sans héritier.

« Mais, comme l'enseigne très bien M. Tocilesco (1), rien ne prouve que l'obligation de cultiver fût imposée aux colons. Le mot *cultura* est employé dans les *libri coloniarum* et par Siculus Flaccus dans le sens de *ager cultus*, et il n'est pas même prouvé que *Fundi* fût une colonie, car les *libri coloniarum*

(1) Tocilesco. — *Etude hist. et jurid. de l'emph.*, p. 67.

l'appellent seulement *oppidum* et Tite-Live *civitas sine suffragio*. » Aux objections contre ce système, on peut joindre l'opinion de Walter et Kudorff, démontrant que l'assignation transférait le *dominium ex jure quiritium*.

D. — *Quatrième système.* — D'après les auteurs qui défendent ce système, l'emphytéose serait née du *jus in agro vectigali* : L'emphytéose n'en serait qu'une application aux *fundi patrimoniales* de l'empereur. Les *fundi patrimoniales* étaient les biens personnels de l'empereur, dont l'administration était confiée au *comes sancti patrimonii*, hors du commerce, transmissibles aux successeurs du prince, mais non à ses héritiers, s'ils n'étaient pas appelés au trône. On opposait les *fundi patrimoniales* aux *fundi fiscales ou rei privatæ*, qui constituaient le patrimoine privé de l'empereur ; l'administration en était confiée au *comes rei privatæ*, ils étaient aliénables et la transmission s'opérait au bénéfice des héritiers de l'empereur, malgré leur éloignement du trône.

Ces auteurs, affirmant qu'il y a synonymie entre le bail vectigalien et l'emphytéose, invoquent plusieurs textes.

D'abord, un texte du jurisconsulte Emile Macer énumère, dans la classification des détenteurs qui ont la possession civile, le preneur vectigalien (qui *vectigalem agrum possidet*), qu'il assimile à un emphytéote : *id est emphyteuticum*.

On invoque aussi la rubrique du titre du digeste : *Si ager vectigalis, id est, emphyteuticarius, petatur*. Il y aurait là identité absolue, au point de vue de la nature du droit, entre le preneur vectigalien et l'emphytéote, et non une simple redondance d'expressions.

Une dernière preuve de la légimité de leur système est tirée de la comparaison de la définition donnée par le jurisconsulte Paul, de l'*ager vectigalis*, avec le § 3 de locat. cond. des Institutes de Justinien, parlant de l'emphytéose.

Cette doctrine est généralement adoptée, et Cujas ne voit d'autre différence entre les deux tenures que la suivante : les fonds vectigaliens appartiennent à la cité, les fonds emphytéotiques au fisc. Il fait observer aussi que les Grecs donnent le nom d'emphytéose à l'*ager vectigalis*. Voët et Doneau se sont constitués les défenseurs de cette doctrine.

Cette thèse ne nous paraît pas irréfutable, malgré la valeur des arguments et l'autorité des jurisconsultent qui la soutiennent.

La rubrique du titre du Digeste et le fragment du jurisconsulte Macer, ne méritent pas tout le crédit qu'on leur prête. On doit les interprêter avec une très grande réserve, si on considère qu'ils sont sujets à caution. On doit conclure plutôt que l'adjonction des mots explicatifs *id est emphyteuticarius* est le résultat d'une altération du texte d'Ulpien, altération d'ailleurs familière à Tribonien, ministre de Justinien. Ce qui fait croire à une interpolation, c'est que les investigations les plus minutieuses dans tout le corps du Digeste ne signalent pas cette confusion entre l'emphytéose et l'*ager vectigalis*.

M. Giraud, dans l'*Histoire du droit français*, s'exprime ainsi : « L'emphytéose différait du bail à cens, qui était connu dans le droit romain et qui n'était que la continuation du bail vectigalien. Elle se confondit avec le contrat libellaire du Moyen-Age, comme l'a très bien démontré Muratori, et dans une certaine mesure avec le précaire. Cependant, Tribonien, en raison de l'affinité qui existait entre le bail vectigalien et l'emphytéose telle qu'elle était comprise et pratiquée avant Zénon, a brouillé les notions distinctes de l'une et de l'autre. C'est ainsi que dans la compilation du Digeste, on a complètement identifié l'*ager vectigalis* avec l'*ager emphyteuticarius*, et même avec l'*embateuticon* des Grecs. Le titre III du livre IV du Digeste porte la rubrique suivante : *Si ager vectigalis, id est emphyteuticarius petatur* ; tandis que les jurisconsultes Paul et Ulpien, dont les fragments composent ce titre, ont complètement ignoré ce qu'était l'emphytéose pure. En effet, l'*ager vectigalis* appartenait essentiellement à l'Etat et aux communes, et il était imprescriptible ; l'*ager emphyteuticarius* pouvait appartenir à l'Etat, ou aux communes, ou à des particuliers, mais il était prescriptible. Il était constitué, sans doute, à l'imitation de l'*ager vectigalis*, mais on ne peut les confondre, puisque celui-ci est une location et que l'autre est un démembrement du domaine, ou bien une propriété conditionnelle d'ordre inférieur et spécial avec liberté de disposer. »

Quant à la définition donnée à l'emphytéose par le § 3 de locat. cond. des Institutes de Justinien, c'est plutôt au commentaire de Gaïus, liv. III, § 145, qu'au fragment du jurisconsulte Paul qu'elle a été empruntée. D'ailleurs, peu importe son origine, il suffit d'observer qu'elle n'implique nullement que l'emphytéose dérive du *jus in agro vectigali*, mais seulement que l'emphytéose a succédé à l'*ager vectigalis*.

Il y a, en outre, une Constitution des empereurs Dioclétien et Maximilien, établissant une ligne de démarcation bien nette entre ces deux tenures. Cette Constitution est ainsi conçue : *Etiam vectigale vel patrimoniale sive emphyteuticum prœdium sine decreto prœsidis distrahi non licet.*

E. — *Cinquième système.* — Suivant ce dernier système, qui, d'après nous, est le meilleur, l'emphytéose serait d'origine grecque. L'épigraphie offre une base vraiment solide, qui permet de trouver la source du contrat emphytéotique dans la législation grecque, de même qu'on y a déjà rencontré l'hypothèque et la cession de créance, que les Romains firent tant de difficulté à admettre.

L'institution de l'emphytéose permettait aux grands propriétaires de la Grèce de faire cultiver leurs vastes étendues de terre par des hommes libres, et où ces derniers, dans leur intérêt et par suite de certains attributs de la propriété, qui leur étaient conférés, étaient amenés d'eux-mêmes à améliorer le sol. Ce mode de concession avait, du reste, un immense avantage : d'une part, il les déchargeait de la surveillance qu'ils étaient tenus d'exercer sur leurs esclaves agriculteurs, et leur permettait de se consacrer en entier aux affaires publiques et au gouvernement de la cité, qui devaient être en Grèce la seule occupation des classes élevées ; d'autre part, deux raisons de haute politique encourageaient les propriétaires à louer leurs terres à ces hommes de classe inférieure, mais libres. La première fut une raison d'ordre public : empêcher les esclaves d'être à la tête d'une agglomération d'esclaves ; leur nombre, croissant en proportion directe de la dégénérescence de la population libre, était un danger que l'on pouvait tenter de paralyser, en mettant à leur tête des hommes libres, de condition inférieure il est vrai, mais dont les intérêts fussent en opposition directe avec ceux de la classe servile. La deuxième raison eut sa source dans la politique de la cité : les maîtres du sol, en accordant ainsi l'usage de leurs propriétés moyennant redevance, mettaient en pratique une institution que leur recommandait Aristote. Le philosophe grec ne craint pas de conseiller aux classes élevées d'aider les pauvres et de les tourner vers le travail, en imitant l'exemple du gouvernement de Tarente, qui accorda l'usage commun de ses terres aux citoyens pauvres et s'acquit ainsi le dévouement d'une foule toujours prête, par ses cris et ses violences, à réclamer son admission à la propriété, et par suite au pouvoir. Tout est disposé et semble nous conduire, dès lors, aux tenures à long terme non serviles, la situation politique, qui a toujours eu une si grande influence sur les questions de propriété, et l'utilité ou la nécessité qui s'impose aux Grecs de la mère-patrie ou des colonies ; tout nous fait donc pressentir en Grèce l'existence et la pratique de notre contrat d'emphytéose.

Trois inscriptions, empruntées à diverses époques, mais toutes antérieures à la domination romaine en

Grèce, signalent la pratique du bail emphytéotique.

La première inscription se trouve sur une des faces de la table d'Héraclée, découvertes en 1732, qui sont de la plus haute importance pour l'Histoire des origines de l'emphytéose, car c'est le plus ancien document relatif à ce contrat.

Cette inscription porte le contenu d'un très curieux contrat de bail, passé par les administrateurs de la ville d'Héraclée, trois siècles au moins avant l'ère chrétienne. Par ce contrat, les administrateurs donnent à bail perpétuel des terres appartenant au temple de Bacchus, et cela, pour subvenir à l'approvisionnement de la ville ; puis, suivant un usage presque constant et qui démontre avec quels soins les baux étaient rédigés en Grèce ou dans les colonies, ils prennent la précaution de mentionner tous les détails de la jouissance, accordée au fermier. Ainsi, la location sera perpétuelle, le preneur devra payer annuellement une redevance ; il pourra transmettre son droit à ses héritiers, il pourra même l'aliéner entre-vifs ou par testament, mais non l'hypothéquer ; s'il meurt sans héritier *ab intestat* ou testamentaire, ou s'il néglige de payer les redevances ou de fournir les cautions, qui sont exigées de lui, le bien fera retour à la cité ; le bailleur devra une paisible jouissance au preneur, et si la guerre empêche de cultiver ou de recueillir les fruits des champs, le bail sera résolu ; enfin, le preneur sera obligé de cultiver les terres déjà mises en culture et celles encore incultes et le propriétaire aura à cet effet une action spéciale, *l'ageorgiou dike*. L'assimilation de la tenure grecque est ici presque complète avec l'emphytéose. Nous y rencontrons, en effet, la longue durée du bail, l'obligation pour le preneur de payer la redevance et de cultiver les terres même incultes, par suite d'améliorer le tout, sauf résiliation du contrat ; nous voyons nettement poser l'obligation pour le propriétaire de lui transmettre avec la jouissance, pendant toute la durée de la tenure, tous les droits utiles de propriété sur le fonds, et le droit à la résolution du bail, au cas où la guerre s'opposerait à la jouissance due par le bailleur.

Il en est de même de la deuxième inscription connue sous le nom de contrat de Munychie (1). Ce texte présente les caractères distinctifs de l'emphytéose, la clause d'amélioration, la modicité de la redevance, etc., et nous prouve de plus que cette dernière tenure existait entre particuliers. Par ce contrat, les administrateurs du dême des Cythériens, louent un immeuble important à Eucrate, fils d'Excésias, du dême d'Aphidna ; la location est faite pour tout le temps à venir ; la redevance annuelle est fixée au prix de 34 drachmes ; elle doit être payée à deux échéances, indiquées souvent dans les documents, en *Hécatombéon* et en *Possidéon*, et si le paiement ne s'est pas effectué à ces termes, le bail sera résolu. Le preneur s'engage à faire toutes les réparations qui seront nécessaires, et cette obligation est garantie par une véritable *stipulatio duplœ* ; enfin, les bailleurs s'engagent à transmettre au pre-

(1) Cette inscription a été publiée par M. Vercher. *Revue Archéolog.*, 1866, nouvelle série, t. XIV, p. 352.

neur tous les attributs utiles de la propriété ; ils
s'engagent, sous indemnité de 100 drachmes, à continuer la jouissance de la chose à Eucrate et à ses
descendants, et une clause, imposant le paiement de
l'impôt au tenancier, indique chez Eucrate des droits
plus étendus que ceux d'un simple possesseur. Ici,
l'équivalence est presque parfaite entre la tenure
grecque et l'emphytéose.

La dernière inscription, de beaucoup la plus importante, a été récemment trouvée à Athènes par M.
Neubauer (1) et concerne un contrat particulier, que
ses conditions littéralement exprimées nous paraissent plutôt rapprocher de l'emphytéose que d'un
simple bail. Cette inscription contient, en effet, la
clause suivante. « Diodore arrosera les vignes deux
fois l'an ; il ensemencera en céréales la surface non
plantée, et il ne fera pas durer les jachères plus
qu'il ne convient ; il mettra le tout en valeur le
mieux qu'il pourra. »

Le nom et l'organisation de l'emphytéose révèlent
donc une origine grecque ; mais la chose elle-même
était parfaitement connue et dès longtemps pratiquée
en Occident par les Romains de la période impériale, sauf certaines applications ou extensions qui
n'ont été introduites que plus tard par les empereurs
d'Orient.

(1) *Rev. crit. d'Hist. et de litt.*, 28 nov. 1874.

DEUXIÈME PARTIE

Théorie de l'Emphytéose
Dans le Droit Romain.

CHAPITRE PREMIER

Nature du Droit emphytéotique ;
Droits, Actions et Obligations de l'Emphytéote.

SECTION PREMIÈRE
Nature du droit emphytéotique.

Ce fut une question longtemps débattue que la détermination de la nature propre du contrat d'emphytéose : était-ce une vente, était-ce un louage ? La même controverse, qui avait agité les interprètes du droit romain sur les caractères intrinsèques du bail vectigalien, surgissait à nouveau avec la même acuité à propos du contrat emphytéotique.

Comme la vente, cette convention procurait à l'acquéreur un droit perpétuel après la mise en possession ; comme le louage, elle ne rendait pas le concessionnaire propriétaire, et l'obligeait à payer, non pas un prix unique, mais une série de redevances périodiques. L'intérêt de la controverse offrait une grande importance, lorsque la chose venait à périr

4

par cas fortuit ; s'il y avait louage, l'emphytéote ne devait plus rien ; s'il y avait vente, il devait continuer le paiement de la redevance. Les jurisconsultes classiques, pour écarter cette dernière décision, inclinaient vers l'idée de louage (1).

A la fin du cinquième siècle, l'empereur trancha la question et fit taire les doutes en faisant de l'emphytéose un contrat bien individualisé. L'emphytéose avait désormais sa place dans l'histoire du droit, avec les privilèges d'un contrat propre, *sui generis*.

C'est en l'an 486 de l'ère chrétienne que la Constitution de Zénon, rendue pour l'Orient, mit fin aux discussions qui avaient pour but d'assimiler l'emphytéose, tantôt à la vente, tantôt au louage. Mais cette décision de l'empereur ne mit pas un terme aux controverses. Zénon, en faisant de l'emphytéose un contrat spécial, indépendant de la vente et du louage, n'en traça ni les conditions ni les effets. Il se contentait de décider qu'en l'absence de convention entre les parties, la perte totale serait à la charge du propriétaire ou concédant, comme dans la vente, et la perte partielle à la charge de l'emphytéote ou preneur, comme dans le louage.

Mais quelle était la nature du droit emphytéotique ? Ce point était passé sous silence et sa détermination a donné lieu à de vives controverses. Nous allons passer en revue les différents systèmes auxquels ce problème a donné naissance.

_____

(1) Gaïus. — III, 145.

Premier système. — Les glossateurs, sous l'influence des mœurs féodales, confondant par une progression graduelle d'idées et d'altérations, l'emphythéose avec le fief, attribuèrent le *dominium directum* au concédant, et le *dominium utile* au concessionnaire emphytéote. Ils expliquaient ainsi l'apparente antinomie qui paraissait résulter des expressions *dominus*, attribuée à l'emphytéote, et *dominium*, réservée au concédant (1).

Ce système de dédoublement de la propriété n'est pas admissible, car la rigueur des principes du droit romain est complètement réfractaire à ces situations juridiques. Le mot *dominus* dont parle le texte 11 (C. J.) s'applique au *jus privatum* et non à l'emphytéose. Cette théorie des glossateurs était une pure fantaisie et un anachronisme. L'emphytéose diffère du fief, en ce que la tenure féodale, dans la pureté de l'institution, supposait toujours une infériorité de condition personnelle du preneur envers le bailleur et souvent une infériorité des droits entre le fonds servant et le fonds dominant; tandis que dans l'emphytéose romaine, le rapport de droit entre les deux personnes qui contractent et qui démembrent la propriété du fonds emphytéotique est isolé de la condition des personnes et ne suppose aucune supériorité territoriale. D'ailleurs, le fief n'obligeait qu'à foi et hommage ou à service d'armes et jamais à une prestation pécuniaire. Il était considéré comme fief dégénéré lorsqu'il comportait une redevance; mais après la dégradation du fief, qui commença au

(1) L. 4, C. J. — liv. 11, C. J.

XIII⁵ siècle, les jurisconsultes établirent une confusion entre le fief et l'emphytéose.

Dumoulin, chaud partisan de cette théorie du
dédoublement de la propriété, établissait une distinction capitale. D'après le savant auteur, l'emphytéose, à son origine, était temporaire, et c'est à cet
ordre de choses qu'il faut reporter les textes qui ne
donnent au preneur qu'un *jus in re*, un *jus servitutis* sur le fonds concédé (1). Mais plus tard, l'emphytéose commence à être perpétuelle, et c'est pour
cela qu'on voit alors les lois romaines appeler les
emphytéotes *fundorum domini* (2). Maintenant, si
on oppose à Dumoulin la loi 1, § 1, *D. si ager vectigalis*, qui, s'occupant d'une concession vectigalienne
perpétuelle, prononce cependant d'une manière po-
sitive que le concédant n'a pas de droit de propriété,
mais un simple *jus in re*, il répond que c'est probablement qu'avant Constantin, les jurisconsultes
étaient restés fidèles aux anciennes idées et n'a-
vaient pas encore modifié le langage de leurs pré-
décesseurs.

Mais Dumoulin, malgré ses efforts pour faire
plier les lois et les textes à l'esprit de son système,
est en opposition avec l'histoire qui nous montre
l'emphytéose avec son caractère de perpétuité, même
à l'origine. Son état habituel en droit romain a
toujours été la perpétuité et c'est d'emphytéose
bien et dûment perpétuelle qu'ont parlé les juris-

(1) Paul, l. 1, § 1., D. *si ager vectigales*. — Ulpien, loi 3, § 4, D.,
de reb. cor.

(2) Valens, Grat. et Valent. l. 4, C. *de fundis patrim.* — Valent.,
l. 5, C. *de diversis prœdiis.*

consultes lorsqu'ils ont dit que le preneur n'avait qu'un *jus prœdii*, un *jus servitutis*. Gaïus ne laisse d'ailleurs aucun doute à cet égard.

« Du reste, ajoute Troplong, les oppositions de texte que Dumoulin cherchait à concilier par de si pénibles tortures s'expliquent pour quiconque a suivi l'histoire de l'emphytéose... Qu'y-a-t-il d'extraordinaire à trouver des idées diverses sur l'étendue du droit de l'emphytéote lorsqu'on sait qu'on n'était pas d'accord avant Zénon, sur la nature de l'emphytéose et que plusieurs voyaient en elle une sorte de vente. »

Deuxième système. — Savigny, dans son précieux traité du droit de possession, a soutenu un deuxième système qui a une affinité très grande avec le précédent. Sa théorie consiste à dire qu'avant Justinien l'emphytéote avait le *dominium bonitarium* et que depuis cet empereur, qui abolit le *nudum jus quiritium*, il avait un droit de propriété complet exposé seulement au danger de la révocation.

Sans entrer dans la brillante réfutation, apportée par M. Thibaut, contre le système de Dumoulin, et sans avoir besoin de citer les arguments de la loi 1 § 1, D. *si ager vectigalis* (1), nous dirons que l'emphytéose n'a jamais impliqué l'idée de transfert de la propriété, et que le *dominus* a toujours été opposé à l'emphytéote.

---

(1) Il est vrai que le texte cité ne parle que du concessionnaire d'un *ager vectigalis ;* mais l'objection ne pourrait être récusée par de Savigny, qui raisonnait dans l'hypothèse d'une identité absolue entre la position de ce concessionnaire et celle de l'emphytéote.

Troisième système. — C'est à Cujas et à Doneau
que revient l'honneur d'avoir résolu la controverse.
« Ils démontrent, dit M. Tocilesco, que l'emphytéote ne pouvait pas demander au *jus civile* un droit
de propriété qui déjà appartenait à un autre et qui
ne pouvait pas être reconnu à deux personnes à la
fois ; le droit absolu de l'une excluait le droit absolu
de l'autre. Ils expliquèrent que malgré la symétrie
des termes, le partage de la propriété en *dominium
directum* et *dominium utile* n'était nullement adé-
quat à la distinction faite entre les actions direc-
tes et les actions utiles ; que si le concédant a l'action en revendication directe, c'était précisément
parce qu'il était resté propriétaire. L'emphytéote
n'avait que l'action utile, c'est-à-dire fictive, et cette
fiction même témoignait contre lui, puisqu'elle
prouvait que dans la réalité des choses il n'était pas
propriétaire. Ils proclamèrent enfin que le droit de
l'emphytéote était un droit de servitude personnelle,
un *jus in re aliena*, analogue à celui de l'usufruitier ;
seulement, au lieu de le devoir au *jus civile*, il le
devait au droit prétorien (2). »

Cette controverse sur la nature juridique du contrat d'emphytéose n'aurait pas surgi, si ces divers
interprètes du droit avaient eu en leur possesion les
commentaires de Gaïus découverts au commencement du siècle. La découverte de ces commentaires
a pleinement confirmé la théorie de Cujas et Doneau
et Savigny lui-même est revenu sur son premier sys-

---

(2) TocILESCO. — *Etud. hist. et juri. de l'emphytéose*, p. 86.

tème et a adhéré pleinement à l'opinion de Cujas et de Doneau.

Du résumé succinct de cette controverse sur la nature juridique de l'emphytéose, il résulte que ce contrat constitue un droit réel sur un fonds dont la propriété reste toujours au concédant.

Le deuxième caractère de la tenure emphytéotique est d'être perpétuelle de sa nature, mais non de son essence. Ce caractère de l'emphytéose s'explique aisément, si l'on se rappelle que cette tenure a été adoptée par les empereurs pour combattre l'extinction progressive, incurable des classes agricoles.

Le troisième élément essentiel de l'emphytéose consiste dans le paiement de la redevance ou canon.

Le quatrième élément est relatif à l'objet de la tenure, l'emphytéose ne peut porter que sur un immeuble.

Ces préliminaires posés, nous abordons l'étude du contrat d'emphytéose.

SECTION II

Droits et obligations de l'emphytéote.

§ I. — *Droits*.

L'assimilation que les jurisconsultes ont essayé d'établir entre l'emphytéose et le fief, est une preuve évidente des prérogatives étendues dont le concessionnaire emphytéote doit bénéficier. Cette tendance à voir dans l'emphytéote un vrai propriétaire témoigne suffisamment que la concession emphytéotique

doit conférer au preneur des privilèges plus impor-
tants que ceux résultant du simple bail ou de l'usufruit.

Nous avons réfuté cette doctrine et montré comment la rigidité du droit romain était incompatible
avec la propriété dédoublée en *dominium directum*
et *dominium utile* ; et nous nous sommes rangés du
côté des jurisconsultes, qui ne voient dans l'emphytéose que le transfert d'un droit réel sur un fonds
dont la propriété demeure au concédant. Malgré
cette restriction, nous constaterons que l'emphytéote jouit de droits très étendus analogues à ceux
d'un propriétaire.

Les droits et actions qui compètent à l'emphytéote ne sont pas faciles à déterminer en présence
du défaut de règlementation législative de cette
tenure. Nous serons obligés de raisonner par voie
d'analogie en comparant l'emphytéose aux divers
contrats du droit romain, et notamment au *jus in
agro vectigali*.

L'emphytéote a la jouissance du fonds ; mais
quelle est la nature de cette jouissance et quelle en
est l'étendue ? Devons-nous appliquer, en grande
partie, à l'emphytéose, les règles de l'usufruit qui
est aussi un droit réel, un démembrement du droit
de propriété ?

On sait que les droits de l'usufruitier comprennent l'*usus* et le *fructus*. L'*usus* est la faculté de se
servir de la chose telle qu'elle est, avec ses accessoires physiques, comme les animaux ou instru-
ments attachés à l'exploitation et ses accessoires
juridiques comme les servitudes prédiales. Le *jus*

fruendi est entendu d'une manière plus étroite qu'il ne le serait dans la propriété. C'est ici le droit de recueillir ceux des produits de la chose qui ont le caractère de fruits, à l'exclusion des produits extraordinaires ou proprement dits, que conserve le nu-propriétaire. Or, certains produits ont toujours le caractère de fruits, d'autres enfin ont tantôt le caractère de fruits, tantôt le caractère de produits.

Sont toujours qualifiés fruits, et, à ce titre, attribués à l'usufruitier, les récoltes, les productions des arbres, le croît des animaux, la laine, le poil, les intérêts des fermages. (1)

Sont toujours qualifiés produits, et, par ce motif, réservés au *nudus dominus*, le trésor, les matériaux d'une maison démolie. (2)

Enfin, sont tantôt fruits, tantôt produits : 1° les arbres; on les répute fruits en pépinière comme en bois taillis, *sylvæ caducæ*; mais on les répute produits, en hautes futaies, à moins que les hautes futaies n'aient été mises en coupes réglées; 2° les matériaux extraits des mines ou carrières; l'usufruitier peut en continuer l'exploitation ouverte avant le début de son droit; mais il n'est pas admis à la commencer; 3° le gibier et le poisson; ils sont compris dans l'usufruit du fonds, qui ne produit pas d'autre revenu (3).

A quel moment les fruits entrent-ils dans le patrimoine de l'usufruitier. On distingue entre les fruits naturels et les fruits civils.

(1) Just., l. II., t. I, *de divis. rer.*, § 37.
(2) Just., l. II., t. I, *de divis. rer.*, § 37.
(3) L. 9, t. 13, D., *De usufructu*, 7-1.

L'usufruitier ne gagne les fruits naturels que par la perception, c'est-à-dire lorsqu'ils sont détachés ou ramassés, soit par lui-même, soit par son représentant. Si donc un voleur les détache ou les ramasse, ils appartiennent au *nudus dominus*, qui se trouve seul investi de l'action *rei persecutoria*, revendication ou *condictio furtiva*; l'usufruitier n'a que l'action pénale *furti* (1).

Du reste, l'usufruitier et le nu-propriétaire ne se doivent réciproquement aucune indemnité pour les fruits qu'ils laissent pendants au commencement ou à la fin de l'usufruit (2).

Les fruits civils, au contraire, c'est-à-dire les revenus perçus à l'occasion de choses non frugifères de leur nature, tels que les loyers de maisons, d'esclaves ou de meubles et les intérêts de sommes d'argent ne s'acquièrent point par la perception; l'usufruitier les gagne jour par jour.

Voilà le tableau succinct, mais fidèle, des droits de l'usufruitier concernant l'*usus* et le *fructus*.

L'emphytéote a-t-il des droits identiques ou dissemblables? Ce que l'on peut affirmer avec exactitude, c'est que l'emphytéote doit avoir au moins les droits d'un usufruitier, la durée de son droit étant en général perpétuelle ou plus longue que celle du droit de l'usufruitier. Voilà le principe posé. Appliquons les droits de l'usufruitier dont l'analyse a été faite, au bail emphytéotique, et voyons quelles sont les similitudes et les différences.

(1) L. 12, § 5, D ; *De usufructu*, 7-1.
(2) L. cf. D., *De usufructu*, 7-1.

L'emphytéote pouvait jouir du sol comme bon lui semblait. Aucune restriction ne limitait le mode de culture. Le droit de l'emphytéote, qui englobait le droit de l'usufruitier, le dépassait même, puisque le preneur emphytéote pouvait changer, selon sa volonté, la forme d'exploitation du sol. La fameuse règle du *salva rerum substantia*, dont l'interprétation a donné lieu à divers commentaires et que l'usufruitier devait respecter, n'était pas faite pour l'emphytéote. Ces restrictions auraient d'ailleurs été contraires à l'esprit de la tenure emphytéotique, dont le but poursuivi par les empereurs était d'en faire un instrument de régénération rurale, appliquée généralement à des concessions de terre en friche ou couvertes de jachères ; l'emphytéose ne devait pas restreindre les droits du preneur dans l'exploitation du sol. Aussi, ce dernier pouvait-il se permettre les modifications superficiaires dont le fonds n'était pas altéré ; mais les changements aggravants, tels que démolitions de maisons, abatis de futaies et autres actes, qui diminuent la richesse et la valeur de la chose, tout cela était en dehors de son pouvoir.

A la différence de l'usufruitier, les fruits sont acquis à l'emphytéote dès la séparation des arbres ou du sol, et non seulement par la perception.

L'emphytéote a la jouissance des produits, mais toujours sous cette seule condition que le fonds ne sera pas détérioré. Il jouit des droits de pêche et de chasse, sans avoir à distinguer, comme dans le cas d'usufruit, si la chasse ou la pêche sont ou non le revenu à peu près exclusif du fonds.

. Le concessionnaire emphytéote était-il investi du droit de fouiller les mines et les carrières non ouvertes ? Il paraît résulter des textes que l'emphytéote devait être, sur ce point, assimilé à l'usufruitier.

. Les textes attribuaient le trésor au *dominus*, et cette solution ne doit point nous surprendre si nous considérons que cette attribution est expliquée par cette idée que l'argent enfoui devait appartenir à des ancêtres du propriétaire.

. L'emphytéote profitait des esclaves attachés au fonds (1). Comparé au propriétaire, il pouvait même les affranchir. La loi 12, C. *de fund. patrim.* est formelle : « *licentia ei concedenda etiam libertates mancipiis ex fundis patrimonialibus atque emphyteuticariis, cum fundorum sint domini, prœstare.* »

M. Vuy pense toutefois que cette Constitution a été altérée par Tribonien et qu'elle n'a de valeur que pour le règne de Justinien et non pour le temps antérieur. Mais on répond à M. Vuy que ce reproche n'est nullement motivé.

L'emphytéote pouvait-il grever son domaine de servitudes ? Ce problème a donné naissance à de nombreuses controverses. M. Pépin le Halleur considère qu'il y a quelque témérité à reconnaître à l'emphytéote le pouvoir de constituer des servitudes. D'après le savant auteur, l'établissement d'une servitude démembrerait le droit d'emphytéose lui-même, ce qui ne tendrait à rien moins qu'à créer une

---

(1) C. Theod. — *De locat. fund. juris emphyt.*

action réelle et les actions réelles sont, en droit
romain, des prérogatives telles, qu'il faut un texte
formel de la loi pour les admettre.

Troplong, au contraire, invoquant la loi 1 D. *de*
superf. soutient que l'emphytéote est investi du droit
de grever les fonds de servitudes : « mais, ajoute le
savant jurisconsulte, d'après la maxime *resoluto jure*
dantis, resolvitur jus accipientis, le propriétaire reprenait la chose franche et libre de l'hypothèque et
de la servitude, lorsque le bien emphytéosé lui faisait retour. »

Presque tous les auteurs accordent au concessionnaire le droit de constituer des hypothèques ;
mais la discussion surgit sur le point de savoir quelle
est la chose même qui doit former l'objet de l'hypothèque. Deux systèmes sont en présence : l'un décide
que c'est le fonds emphytéotique qui est hypothéqué,
l'autre admet, au contraire, que ce n'est que le simple
droit réel, le *jus prœdii.*

Le premier système s'appuie sur les principes,
les textes et la ressemblance de la concession emphytéotique et du contrat de superficie. Les principes, disent les partisans de cette thèse, nous montrent que l'emphytéose constitue un véritable droit
de propriété et l'hypothèque, comme la servitude,
doivent grever le fonds lui-même. Faisant allusion
à l'hypothèque constituée sur l'emphytéose, les textes
ne parlent jamais que du *pignus,* de *l'hypotheca,* du
prœdii. La loi 16, § 2, D. *de pigner. act.* 13, 7, s'exprime
en ces termes : « *etiam vectigale prœdium pignori*
dari potest, sed et superficiarum. » Raisonnant par voie
d'analogie, on décide que l'hypothèque qui grève le

fonds du superficiaire, doit grever aussi le fonds emphytéotique.

Le deuxième système est la réfutation du premier. Il enseigne que l'hypothèque ne peut affecter que le droit d'emphytéose. Nous croyons que cette doctrine est la plus conforme aux principes et aux textes.

Nous avons essayé, dans le cours de cet exposé, de réfuter la théorie qui décide que l'emphytéose est un véritable droit de propriété, et montré que cette concession ne comporte avec elle qu'un droit réel. La conséquence de cette assertion sera que, semblable à l'usufruitier, l'emphytéote ne pourra grever d'hypothèque que le droit réel dont il est investi. De telle sorte que ce droit réel, greffé sur le droit emphytéotique, s'évanouira quand la concession fera retour au concédant. Nous estimons que ces principes sont les seuls juridiques. Les textes corroborent cette opinion en décidant que l'emphytéose est un *jus prædii*. C'est d'ailleurs ce que dit Ulpien dans la loi 2, § 4, D. *de reb. cor.* 27, 8. Sans doute, la loi 16, citée plus haut par les partisans du premier système paraît contraire à notre argumentation ; mais ce texte n'est pas concluant, car le principe fondamental est qu'on ne peut hypothéquer que ce qui peut être vendu (1).

Quant à l'argument qui repose sur l'analogie existant entre cette même emphytéose et la superficie, nous rappelons que la décision donnée par cette dernière, serait-elle exacte, elle pourrait encore

---

(1) L. 4. D. *de pign.*, 13, 7 et loi II, C., *de distract. pign.,* 8, 28.

se justifier par l'idée d'une propriété chez le superficiaire.

Tous les droits qui compètent à l'emphytéote seraient illusoires, s'ils n'avaient en sa possession un
moyen de les faire respecter personnellement, lorsqu'un tiers ou le propriétaire lui-même y porte
atteinte. Il a en son pouvoir la sanction nécessaire
pour combattre toutes les violations dont son droit
peut être l'objet. Toutefois, nous devons avouer que
les textes sont muets sur les actions dont l'emphytéote a le privilège; mais cette lacune regrettable
est comblée par les principes qui régissent le *jus in
agro vectigali*.

Le droit réel d'emphytéose, faisant l'objet pour le
concessionnaire d'une véritable possession et non
d'une simple quasi-possession, ce dernier doit jouir
des interdits possessoires.

L'emphytéote a, en outre, contre les tiers et le
propriétaire lui-même, sous la seule condition dans
ce dernier cas d'avoir satisfait à l'obligation du
paiement du canon, une action *in rem utilis*.

Il existe une action de bonne foi dénommée *actio emphyteuticaria directa et contraria*. Ce droit
sanctionnateur garantit les obligations réciproques
qui accompagnent la constitution d'emphytéose.

Les textes nous enseignent que l'emphytéote avait
encore à son service les droits et actions suivants :

L'*operis novi renunciatio* (1).

L'*interdit quod vi aut clam* (2).

(1) L. 3, § 3 D., *de op. nov. nunt.*
(2) L. 16, pr. D., *quod vi aut clam.*

L'*actio arborum cæsarum ;* (1)

L'*actio aquæ pluviæ arcendæ ;* (2)

L'*actio furti*, la *condictio furtiva*, l'*actio ex lege aquelia*.

L'emphytéote pouvait recourir aussi, à titre d'actions utiles, aux actions *confessoria et negatoria servitutis*.

L'emphytéose peut faire l'objet d'une action *communi dividundo* et *familiæ arciscundæ*.

L'emphytéote peut transmettre son droit, soit à titre universel dans sa succession testamentaire ou *ab intestat*, soit même à titre de vente, de donation, ou legs. La relation intime existant entre le contrat d'emphytéose et le *jus in agro vectigali*, qui conférait le droit de transmettre le bail vectigalien par acte entre-vifs ou à cause de mort, commande cette solution. La célèbre Constitution de Justinien, non moins célèbre que celle de Zenon, confirme cette décision et la règlemente.

A. — DE LA TRANSMISSION ENTRE-VIFS. — Quel était le régime appliqué à la transmission entre-vifs de l'emphytéose, antérieurement aux réformes de Justinien ?

Il résulte de l'étude des textes que le paiement du canon, constituant une obligation personnelle, la transmission du fonds par le concessionnaire n'affranchit pas ce dernier de la responsabilité du paiement de la redevance et de l'exécution des autres charges. L'aliénation n'éteignait pas les obligations du con-

(1) l. 15, § 2, D. *de arb. furtine cas.*
(2) l. 3, § 2, D. *de aq. pluv. arc.*

cessionnaire au regard du propriétaire, bien que le nouveau détenteur fût astreint à toutes les charges et obligations de l'emphytéote originaire. De même, si le nouvel emphytéote causait au fond des détériorations graves, ou bien s'il ne cultivait pas en bon père de famille, la déchéance que ce dernier encourait, touchait, par voie d'incidence, le premier emphytéote qui pouvait être condamné à des dommages-intérêts.

Ce poids des responsabilités, après aliénation, était très lourd pour le nouveau concédant. Aussi, le seul remède, pour s'y soustraire, était-il d'obtenir l'autorisation de transfert du propriétaire lui-même. Mais ce dernier, pour éviter les risques des futures insolvabilités ou des inexécutions diverses, ne consentait que rarement à cette décharge des responsabilités.

Ces entraves apportées au transfert de l'emphytéose, pouvant devenir dangereuses à un moment où l'agriculture subissait une crise aiguë, attirèrent l'attention de Justinien, qui y remédia par une Constitution (1) qui fait époque dans l'Histoire du droit.

De l'analyse de cette Constitution, il résulte :

1° L'obligation pour l'emphytéote, en cas d'aliénation de son droit, de requérir l'autorisation du *dominus* et de lui communiquer le projet de contrat et le prix d'aliénation ;

2° La faculté pour le *dominus* d'exercer le retrait;

3° Le droit pour le *dominus* de percevoir la cinquantième partie du prix ou de l'estimation de la

(1) L. 3 C.; *de jure emphy.* 4, 66.

5

chose, lorsqu'un autre taux n'a pas été fixé par le contrat primitif de concession.

4° La sanction de ces diverses obligations.

Nous allons étudier successivement ces quatre prescriptions :

1° *Obligation pour l'emphytéote de demander le consentement du maître.* — Cette constitution de Justinien, qui joua un grand rôle dans le moyen-âge, puisqu'elle fut le premier point d'appui du fisc des seigneurs pour accréditer et maintenir les *lods et ventes*, décide d'abord que, dans le silence de la convention primitive, le preneur ne peut vendre son droit sans le consentement du bailleur. Mais, à cette prescription, Justinien apporte sur le champ une sage modification : Afin que l'emphytéote ne soit pas à la merci du propriétaire, il accorde à celui-ci deux mois seulement pour manifester sa volonté, et ces deux mois partent du jour où la dénonciation lui a été faite. Si ce temps s'écoule sans que le propriétaire se soit prononcé, le preneur peut passer outre à l'aliénation : *ubi voluerit et sine consensu domini.*

L'emphytéote pouvait choisir, comme il l'entendait, son ayant-cause ; toutefois, quelques restrictions sont indiquées par les expressions : *si jus emphyteuticum ad personas non prohibitas sed concessas et idoneas ad solvendum emphyteuticum canonem.*

Que conclure de ce passage de la Constitution ? On sait que, lorsqu'il s'agissait de l'emphytéose, portant sur des biens du domaine impérial, municipal ou ecclésiastique, les personnes qui avaient la garde de ces biens, ne pouvaient recevoir ces biens à titre emphytéotique. Accurse signale parmi ces incapables les *curiales* et les soldats. Ces prohibitions avaient été édictées dans le but d'une bonne administration.

Quand l'emphytéose portait, au contraire, sur des biens particuliers, aucune restriction ne limitait le droit de l'emphytéote; aussi, pensons-nous qu'il n'y a pas à opposer l'expression *persona prohibita* à l'expression *persona concessa et idonea ad solvendum emphyteuticum canonem*. Il est beaucoup plus simple de considérer tout ceci comme une de ces redondances, si familières à Justinien.

Mais que veut dire l'expression *personæ idonæ ad solvendum emphyteuticum canonen*. M. Tocilesco, après avoir cité l'opinion de ceux qui pensent que la Constitution a eu pour but de forcer le nouvel emphytéote des biens particuliers à fournir caution, ajoute : « Il est vrai que lorsqu'il s'agissait des fonds du domaine impérial, municipal et ecclésiastique, en outre de la capacité spéciale exigée pour en devenir emphytéote, les textes prescrivent formellement que la solvabilité du preneur soit garantie par une caution; mais à l'égard des biens des particuliers, aucun texte n'autorise le propriétaire à l'exiger, et en l'absence d'une disposition formelle, on ne saurait classer parmi les *prohibitæ personæ*, sous prétexte d'insolvabilité, que les personnes qui seraient notoirement dénuées de ressources suffisantes pour exploiter le fonds et payer les charges emphytéotiques. Les *personæ prohibitæ* dont parle la Constitution étaient uniquement celles dont une clause formelle du contrat emphytéotique avait prononcé l'exclusion, ou celles qui étaient notoirement insolvables et qu'un usage constant repoussait : *iis tamen personis quœ non solent in emphyteuticis contractibus vetari*, dit la Constitution de Justinien.

Une grave controverse divise les jurisconsultes, lorsqu'il s'agit d'établir si les règles sévères posées par la Constitution de Justinien, concernant la vente de l'emphytéose, étaient applicables à tout autre mode d'aliénation.

Premier système. — Un premier système décide que l'emphytéote qui veut transmettre son droit, n'est pas astreint à solliciter l'autorisation du *dominus* ni à suspendre l'exercice de son droit durant le laps de temps de deux mois.

Cette théorie s'appuie sur cet argument, que le délai de deux mois, durant lequel le *dominus* peut exercer un droit de préférence sur l'acquéreur, en prenant la vente pour son compte, ne s'applique qu'à la vente, parce que le retrait ne peut être exercé que dans le contrat de vente.

Deuxième système. — Doncau et Thibaut adoptent une solution mixte. D'après ces savants jurisconsultes, l'emphytéote doit, dans toute transmission de son droit, obtenir l'autorisation du *dominus*, mais il est dispensé de l'obligation d'attendre deux mois ; il suffit que la demande en autorisation soit faite au moment du contrat.

Troisième système. — M. Pépin le Halleur applique l'une et l'autre des deux formalités, exigées en matière de vente, à tous les modes de disposition. Nous n'hésitons pas à donner la préférence à cette dernière opinion, car la Constitution de Justinien, par la généralité de ses termes, se réfère à tous les actes de transfert.

2° Exercice du retrait par l'emphytéose. — Le *dominus* a la faculté de prendre dans les deux mois la vente pour son compte, en offrant à l'emphytéote le prix qu'il aurait reçu ou aurait dû raisonnablement recevoir du tiers. Le *dominus* doit choisir entre ces deux partis : ou s'abstenir, ou exercer le droit de préemption. Quelle que soit la décision du maître, l'aliénation entraînera pour l'emphytéote l'affranchissement du paiement du canon.

Le droit de retrait accordé au *dominus* était-il antérieur à Justinien ou bien était-ce une innovation de l'empereur ?

Nous pensons qu'il n'y a aucune témérité à soutenir que Justinien n'a fait que consacrer législativement la coutume. Cet usage s'explique très bien, si on se rappelle la tendance qu'on avait à assimiler l'emphytéose à la vente. Le pacte *protimeseos* était, en effet, très fréquent dans le contrat de vente. De même, par esprit de conservation des biens dans la famille, si étroitement lié aux institutions juridiques du droit romain, nous voyons qu'en cas de vente des biens d'un débiteur insolvable, un droit de préemption ou de retrait était exercé, non par les *agnats*, mais par les *cognats*, c'est-à-dire par les parents naturels de ce débiteur (1).

Le droit de retrait, établi en faveur du propriétaire, pouvait-il être exercé dans tous les cas d'aliénation ? Dans le cas d'échange et de donation par

(1) L. 16, *de reb. auct. jud. poss.*, **42**, 5.

exemple, le *dominus* pouvait-il user du droit de préemption ?

Certains auteurs, argumentant des termes restrictifs de la Constitution, qui ne parle que de la vente, en concluent que le bénéfice du retrait ne doit pas être étendu aux autres modes de transfert ; mais nous avons déjà établi que cette Constitution n'a fait que statuer *de eo quod plerumque fit.* Ils invoquent aussi l'intérêt qu'a l'emphytéote originaire en cas de donation ou d'échange à ce que le droit de retrait ne soit pas exercé. L'offre d'un prix par le *dominus* ne peut suppléer aux considérations qui ont présidé à ces derniers modes de transfert ; tandis qu'en matière de vente, qu'importe au vendeur de recevoir le prix de l'acheteur ou du *verus dominus* : son désir de spéculation sera toujours réalisé.

L'argument présenté en matière d'échange a évidemment une grande valeur, et il est difficile de méconnaître que les intentions de l'emphytéote coéchangiste ne seront pas exécutées s'il se voit attribuer autre chose que ce qui était stipulé au contrat.

Quant à la donation, l'argument a moins de force, car l'emphytéote donateur aura atteint son but, soit en transférant la chose donnée ou bien sa représentation pécuniaire.

Mais la meilleure objection à opposer à ces divers arguments est celle qui résulte de la généralité du texte. Justinien ne fait pas de distinction quand il dit : *Disposuimus attestationem domino transmitti et prædicere quantum prædium ab alio accipi potest.*

Il résulte, en outre, d'un passage de la Constitution que le maître peut exercer son droit de pré-

emption, en payant le prix que l'emphytéote aurait
pu raisonnablement recevoir d'un tiers, sans avoir
besoin de se substituer au tiers concessionnaire.
C'est ce qui résulte des termes suivants : « *et si qui-*
dem dominus hoc dare maluerit et tantam prœstare
quantitatem, quantam ipse revera emphyteuta, ab
alio accipere potest, ipsum dominum omnimodo, hœc
comparare. »

« En admettant ainsi le droit de retrait, dit M.
Tocilesco, dans toutes les aliénations, nous avons
implicitement reconnu que le droit de retrait avait
un double but :

« Avant tout, il était un moyen ingénieux trouvé
pour empêcher un concert frauduleux entre l'emphytéote et l'acquéreur. Grâce au droit de retrait, l'emphytéote se gardera bien, pour diminuer le *laude-*
mium, de déclarer une valeur inférieure au prix
réel, car il s'exposerait à voir le propriétaire prendre
le marché à ce taux. Réciproquement, l'exercice de
retrait est protégé par le droit de percevoir le *laude-*
mium, puisque l'emphytéote ne pourrait surfaire le
prix réel, pour empêcher la préemption, sans augmenter par là le cinquantième.

« En second lieu, le droit de retrait avait aussi
pour but de permettre au propriétaire de rentrer
dans la plénitude de ses droits, car il est de l'intérêt
public de favoriser le plus possible la consolidation
des droits divisés entre plusieurs personnes. (1) »

3° Droit du propriétaire de percevoir le cinquan-
tième du prix ou de la valeur en cas d'aliénation. —

_____

(1) Tocilesco. — *Et. his. et jurid. de l'emph.*

En récompense de l'approbation que le propriétaire
donne à l'aliénation, l'emphytéote doit payer la cinquantième partie du prix ou de l'estimation de la
chose lorsqu'un autre taux n'a pas été fixé par le
contrat primitif de concession. Il paraît qu'avant
Justinien, certains propriétaires, poussant à l'extrême leurs prétentions à cet égard, pressuraient
les emphytéotes par des tributs exagérés. L'empereur
règle uniformément le prix de la redevance pour
mutation et met un frein à des abus criants. Le versement du cinquantième s'appelait *laudemium*. Cette
taxe, stipulée en faveur du *dominus*, présente un
intérêt historique fort remarquable : il fut l'origine
des droits de quint, des lods et ventes du droit
féodal, d'où sont sortis les impôts de mutation entre-
vifs de l'époque actuelle (1).

Le *laudemium* doit-il être payé non seulement
lorsque le propriétaire n'exerce pas le droit de
retrait, mais encore quand il use de ce bénéfice ?
Ce problème a donné lieu à de nombreuses dissidences parmi les interprètes du droit.

L'affirmative paraît tout d'abord résulter des expressions *quantum pretium ab alio revera accipi potest*.
Si la tenure était transmise à un tiers, l'emphytéote
originaire ne percevait que le prix diminué du cinquantième ; si le propriétaire, au contraire, se substitue au tiers concessionnaire, il ne devra payer que
le prix indiqué, diminué de la taxe du cinquantième,

(1) Voir un article de Troplong sur l'origine des droits de mutation. — *Revue de législation*, t. 10, p. 280, 284.

qu'il aurait lui-même perçue sur le droit de transmission, s'il n'avait pas usé du bénéfice de retrait.

Nous estimons toutefois que cette interprétation
littérale du texte doit être écartée et qu'on doit
accueillir l'opinion qui subordonne le prélèvement
du cinquantième en cas seulement où le propriétaire n'exerce pas le retrait.

« Le motif même, dit M. François, qui a donné
lieu à l'institution du *laudemium*, nous semble
d'abord conforme à cette décision. Avant la promulgation de la loi 3 *C. de jure emphy. 4,46*, les propriétaires exigaient effectivement des sommes considérables de leurs emphytéotes pour les décharger
de la nécessité de payer le canon et pour opérer à
leur égard la novation de cette obligation ; lorsque
Justinien rendit cette novation forcée, il dut fixer
en conséquence le maximum de la somme à laquelle
le *dominus* pourrait prétendre, en apportant son intervention, et c'est ce qu'il fit, en limitant ce maximum au cinquantième du prix d'aliénation. Ainsi,
ce cinquantième accordé au propriétaire n'est donc
que la représentation de l'indemnité que devait
payer l'emphytéote pour obtenir la novation de son
obligation personnelle, et, par suite, il ne peut être
dû que dans les cas où cette novation elle-même
s'effectuait, c'est-à-dire dans l'hypothèse où le *dominus* admettait comme emphytéote, celui auquel le
preneur primitif transmettait son droit. (1) »

Le *laudemium* était perçu non seulement en cas
de vente, mais aussi dans tous les modes d'aliéna-

(1) M. François. — *Essai sur l'Emphytéose*, p. 125, 126.

tion. Cela s'explique par ce motif que l'autorisation du propriétaire, étant nécessaire dans toutes les aliénations, il doit avoir droit à la même rémunération.

Quand il n'y a pas vente, mais échange ou donation, le *laudemium* est perçu sur la valeur estimative de la chose : *pretii vel œstimationis*.

La mutation de la tenure emphytéotique, s'opérant par décès, ne donne pas lieu à la perception du *laudemium*. Le prélèvement de cette taxe aurait été contraire à la destination de l'emphytéose qui, étant de sa nature perpétuelle, est présumée faite au détenteur originaire et à ses héritiers. La transmission de l'emphytéose aux héritiers du concessionnaire primitif ne présente pas, en réalité, les caractères d'une vraie mutation, parce que l'héritier est censé continuer la personne du *de cujus*. Ce point n'a pas d'ailleurs été contesté.

Le doute reparaît lorsque la transmission de la tenure emphytéotique s'opère par suite d'un legs. On ne saurait dire ici que le légataire forme avec son auteur une seule et même personne, puisque la concession est présumée faite à l'héritier, que le propriétaire a seul pu compter avoir comme débiteur du canon. Ce legs paraît donc impliquer une mutation entre cet héritier représentant le *de cujus* et le légataire; il y a ici substitution véritable d'une personne à une autre. Aussi, la plupart des auteurs croient devoir assimiler ce cas aux aliénations entre-vifs, et décident que le propriétaire a le droit de percevoir le cinquantième de la valeur estimative du bien légué. Sans doute, Justinien ne dit pas un seul mot, dans sa Constitution, qui puisse se rapporter à la transmission de la tenure à cause de mort, mais on répond qu'il a statué *de eo quod plerumque fit*.

Que décider dans le cas où l'aliénation entre-vifs est faite à l'héritier présomptif ? Le *dominus* a-t-il le droit de prélever le cinquantième du prix, alors que la concession aurait été recueillie, par ce même concessionnaire, son héritier présomptif ?

Nous pensons que le maître ne sera pas tenu de suspendre l'exercice de son droit, en considération d'évènements ultérieurs qui peuvent ne pas se réaliser. Cet argument a une très grande force dans le cas où l'aliénation est faite à titre onéreux. Pourquoi contraindre le *dominus* à assister à la transmission de sa propriété sans avoir le droit d'exercer les prérogatives que la loi lui confère? Est-ce que la qualité de successeur ne présente pas des incertitudes? Qu'adviendra-t-il si cet héritier présomptif, concessionnaire du bail emphytéotique, ne venait pas, pour un motif quelconque, à la succession de son auteur? Devrait-il percevoir le cinquantième à ce moment seulement avec les intérêts échus ? Cette question est trop problématique pour recevoir une solution affirmative. Juridiquement, l'héritier présomptif, achetant à son auteur la tenure emphytéotique, devra supporter le paiement de la taxe, comme s'il était un simple étranger, sans rapports agnatiques ou cognatiques avec le concédant. Le *dominus* est autorisé à ne voir dans la transmission qu'un simple acte, lui permettant d'exercer son droit.

Alors même que l'emphytéose serait transmise à l'héritier présomptif par acte à titre gratuit du vivant de son auteur, la même solution s'impose.

Le paiement du *laudemium* incombait à l'emphytéote originaire, mais le concessionnaire, pour prévenir l'inexécution de cette obligation de la part de son vendeur, payait directement le *dominus*; pour se faire délivrer le *laudemium*, le propriétaire avait une *actio ex stipulatu*, dans le cas où il avait eu stipulation lors de la constitution de l'emphytéose et, dans le cas contraire, une *actio ex contractu emphyteutico*, qui lui compétait, puisque le *laudemium* était exigible en vertu de l'emphytéose elle-même.

4° Sanction de ces formalités. — Les dispositions rigoureuses que nous venons de parcourir, en cas de transmission du droit emphytéotique *inter vivos*, réclamaient de la part du législateur une sanction énergique pour être respectées, tant par le bailleur que par le preneur. De là, la double sanction sévère que Justinien édicta dans sa Constitution : le *dominus*, qui, sans exercer le retrait, refusait de mettre l'acquéreur en possession, était dorénavant privé du *laudemium*, et l'emphytéote, qui ne se conformait pas scrupuleusement aux règles prescrites, était déchu du droit emphytéotique.

B. — DE LA TRANSMISSION A CAUSE DE MORT. — Le droit emphytéotique faisait, comme tous les autres biens, partie de la succession *ab intestat* ou testamentaire. Celui qui recueillait l'hérédité recueillait en même temps la tenure emphytéotique dont elle augmentait la valeur. S'il y avait plusieurs héritiers, chacun avait droit *in partibus* à l'emphytéose, sous la condition de payer le canon dans la mesure

afférente à son droit. Si le canon n'était pas inté-
gralement payé par tous les co-héritiers, le *domi-*
nus avait l'action en déchéance qui réfléchissait
contre les héritiers qui payaient exactement le
canon. Cela s'explique par l'indivisibilité de la tenure
emphytéotique constituée en faveur du propriétaire
qui aurait subi une perte, si sa propriété avait dû
subir un démembrement. L'emphytéose était sans
doute comprise dans les actions *familiæ erciscun-*
dæ et *communi dividundo*, mais avec cette restriction que le droit devait être attribué en entier à un
des co-héritiers.

Que décider dans le cas ou l'un des héritiers s'est
rendu adjudicataire du fonds tout entier ; ce dernier
sera-t-il astreint au paiement du *laudemium* pour
le tout ou partie ?

Il est constant que l'héritier adjudicataire ne
devra pas payer le *laudemium* pour la part
qui lui était échue *ab intestat*, sinon le fait
de l'adjudication procurerait au propriétaire un bénéfice sur lequel il ne devait nullement compter. Mais
certains auteurs, avec Glüch et Vuy, ont soutenu, en
invoquant la *Novelle CXII*, que l'adjudicataire n'é-
tait pas tenu d'acquitter le *laudemium* même sur
les parts de ses co-héritiers. Le texte de cette *No-*
velle est ainsi conçue : *quando res litigiosæ per suc-*
cessionem ad hæredes perveniunt hærum rerum
inter hæredes divisio non debet pro alienatione
habere.

M. Tocilesco, répondant à cette argumentation,
s'exprime en ces termes : « Nous ne saurions admettre cette opinion, car, à prendre à la lettre ce texte

tel que le font ces auteurs, il faudrait lui donner une explication générale, et on arriverait à
dire qu'en droit romain le partage n'était pas attri-
butif de propriété, mais bien au contraire qu'il
était déclaratif, ce qui serait manifestement inexact.
Quant à l'explication véritable du texte précité, elle
est fort simple. Au lieu d'y voir une thèse générale,
il faut tout simplement lui donner un sens restreint et le considérer comme réglant un point de
droit spécial. On sait qu'une règle générale inter-
disait dans la législation romaine l'aliénation d'un
droit légitime. Les termes mêmes de la *Novelle* nous
autorisent à penser que le législateur a voulu écarter l'application de cette règle, en décidant que
l'attribution d'une chose litigieuse à un co-parta-
geant ne devrait pas être considérée comme une
aliénation prohibée (1). »

SECTION II

Obligations de l'emphytéote.

Cinq obligations principales pèsent sur l'emphytéote.

1° Obligation de payer les charges fiscales ;

2° Obligation de payer le canon et de participer à
la perte partielle de la chose ;

3° Obligation d'entretenir et la responsabilité de
toute détérioration non fortuite ;

(1) Tocilesco, p. 146.

4° Obligation de recevoir l'adjonction des terres et de les cultiver;

5° Obligation de dénoncer au propriétaire toute transmission entre-vifs et de payer le *laudemium*.

Nous allons étudier successivement ces diverses obligations.

1° Obligation d'acquitter les charges fiscales. — Depuis Constantin, les empereurs avaient souvent adouci, pour les emphytéotes des domaines, les rigueurs de l'impôt. Ce prince les avait affranchis des charges extraordinaires appelées *munera extraordinaria* (1), qui fatiguaient les sujets d'exigences accablantes et intarissables. Ces exemptions, répétées sous ses successeurs (2), avaient bien souffert quelques atteintes temporaires (3); mais, à de rares intervalles près, elles s'étaient maintenues pendant le IVme siècle; et, à part les réparations des chemins auxquelles les emphytéotes restèrent constamment soumis (4), l'intolérable fardeau des impôts extraordinaires, des *superindictions*, etc., ne s'appesantissaient pas habituellement sur eux; ils ne supportaient que l'impôt ordinaire foncier, comme tous les citoyens. Cet état de choses continua presque jusque sous Justinien, qui, dans son Code, rappela les Constitutions impériales favorables aux emphytéotes domaniaux.

---

(1) L. 1 et 2, C. de COLLAT. — *Fund. patrim.*

(2) CONSTANS, l. 5, — C. *Théod. de extraord. mun.* — L. 1, c. 7. — *De Privileg. domus.*

(3) L. 1, c. 7. — *De inductionib.*

(4) L. 1, c. 7., de COLL. — *Fund.*

Vuy pense que, depuis Honorius et Théodosius, les souls emphytéotes du domaine *rei privatæ* furent affranchis des charges extraordinaires et qu'il en fut de même par le code de Justinien. Mais la Constitution d'Honorius et Théodosius, qui sert de base à l'opinion de Vuy, n'est au jugement de Cujas qu'une mesure spéciale et ne porte que sur un impôt temporaire et exceptionnel. D'où il suit que ce jurisconsulte estime qu'il ne faut pas l'étendre aux autres impôts extraordinaires et le regarder comme une règle générale. Cette Constitution ne change donc rien à la législation antérieure. Quant à la loi 5 *C. 7 de privilegiis domus Augustæ*, elle ne fait que prononcer pour les domaines *rei privatæ* l'exemption portée pour les *fundi patrimoniales* dans le titre *coll. fund patrim.* Si on n'adoptait pas ces interprétations de Cujas, il faudrait dire que le code de Justinien offrirait les plus extraordinaires antinomies.

L'emphytéote était obligé de représenter les quittances de paiement de l'impôt au propriétaire qui, pouvant éventuellement recouvrer la possession du fonds, aurait pu être contraint, par les agents du fisc, de payer deux fois.

2° *Obligation de payer le canon et de participer à la perte partielle du fonds.* — L'emphytéote était assujetti au paiement d'une redevance et qui consistait partie en denrées, partie en or.

Le paiement des denrées s'effectuait tous les quatre mois, celui de l'or en un seul paiement (1). Pour que le fisc n'éprouvât ni retard ni non valeur, on

_____

(1) VALENS et VALENT. C. Theod., l. 3, lib. XI, t. 19.

avait soin avant de concéder un bien domanial à emphytéose, de discuter les facultés de celui qui se présentait (1).

Les auteurs nous apprennent que les canons furent quelquefois augmentés par le propriétaire lui-même, de manière à former un produit net et lucratif.

Lorsque la chose périssait en totalité, l'emphytéose s'éteignait et le preneur était déchargé du paiement du canon. Depuis Zénon, ce point avait été décidé d'une manière irrévocable. Mais si la chose ne périssait qu'en partie, par exemple, si la maison bâtie sur le fonds était incendiée, le canon ne devait pas être proportionnellement diminué; le sol qui restait continuait à servir d'assiette à la redevance. On pensait néanmoins que le preneur pouvait prétendre à une réduction dans le cas où le canon avait été fixé à tant par arpent; ou bien si, pour en déterminer l'étendue, on avait eu égard aux produits naturels et industriels de la chose. Comme, dans ce dernier cas, le canon était représentatif des revenus de la chose, on recourait aux règles équitables suivies en matière de baux.

Si la partie restante du fonds concédé ne produisait plus de fruits suffisants pour payer le canon, le preneur avait le droit de délaisser la chose pour le total. Il en était autrement toutefois dans les emphytéoses concédées par le fisc, ou bien si la perte avait eu lieu par la faute de l'emphytéote. Si le preneur expulsé par un usurpateur n'avait pas réclamé

(1) L. 5 C. Theod. *de censu.*

6

sa réintégration, et que, privé de la perception des
fruits par cet usurpateur, il demandât sa diminution
du canon, il n'y était pas admis. C'était sa faute s'il
n'avait pas usé de son droit.

La remise du canon ne pouvait être réclamée pour
cause de stérilité extraordinaire, ou d'invasion, ou
de charges insolites imposées par l'État (1), à moins
toutefois que le canon ne fût proportionné aux fruits,
tempérament fort équitable que repoussait Fachin
et que n'adoptait pas Duvergier, mais qui semble
sortir naturellement des clauses du contrat, qui, au
moyen d'une élévation du canon, contraire aux habitudes de l'emphytéose moderne, mélangent ce
contrat de l'élément d'un bail à ferme.

Si l'invasion ennemie avait eu pour résultat d'expulser tout à fait l'emphytéote, cette circonstance de
force majeure était assimilée à la perte totale de la
chose.

*3° Obligation d'entretenir et responsabilité de
toute détérioration.* — L'emphytéose se distinguait
des autres contrats en ce qu'elle avait pour but, soit
d'améliorer un héritage stérile, soit de l'augmenter
par des constructions et des plantations. M. Gérard
dit que : « c'est par l'obligation de culture que l'emphytéose touche au colonat et par l'obligation d'a-
méliorer qu'elle s'en distingue ». Défricher et améliorer, tel est le but général de l'emphytéose. C'est là
le but que les empereurs ont poursuivi sans relâche.
Dans cette obligation pour l'emphytéote de poursuivre l'amélioration des fonds, était comprise, *a for-*

(1) Zénon l. 1 C. *de jure emphyt.*

tiori, la charge d'entretien. Le preneur emphytéote devait donc faire tous les travaux d'entretien, les réparations petites et grosses, à la différence de l'usufruitier qui n'était pas tenu de ces dernières. Cela s'explique par cette considération que le concessionnaire avait en fait tous les avantages de la propriété. L'emphytéote est donc responsable des détériorations survenues par sa faute ou sa négligence, et encourt, en pareil cas, la déchéance, si le propriétaire la réclame. Toutefois, il n'était pas tenu des cas fortuits qui restaient à la charge du propriétaire.

4° Obligation d'adjoindre à son exploitation les terres abandonnées dans le voisinage. — Le preneur était obligé de réunir aux terres fertiles de sa tenure, les fonds stériles voisins et de supporter pour cette adjonction une augmentation du canon (1). « Pensée, dit Troplong, qui avait son bon côté, puisqu'elle voulait étendre la zône des défrichements et obtenir de l'accroissement de la richesse agricole, l'accroissement des tributs ! ! Mais, mesure inefficace dans un temps de langueur morale et de décadence où manquaient à la fois et les capitaux et l'amour du travail et la confiance dans l'avenir ! ! »

Cette contrainte, imposée aux preneurs de réunir à leurs lots de terrain les parcelles en friche qui les environnaient, était le résultat de ce délaissement général de la culture, dont l'accroissement excessif des impôts et le fléau de la guerre, à une époque de décadence sociale, étaient l'unique cause.

(1) L. 7, C. 7, *de omni agro deserto.*

Les empereurs, pour combattre cette lèpre, avaient recours à ces procédés qui témoignent combien la crise agricole bouleversait l'empire romain.

5° *Obligation de dénoncer au propriétaire toute transmission entre-vifs et de payer le laudemium.* — Nous avons suffisamment étudié ce point dans la section précédente, pour n'avoir pas à y revenir.

CHAPITRE II

Constitution et Extinction de l'Emphytéose.

SECTION PREMIÈRE

Constitution de l'emphytéose.

L'histoire du Droit romain nous a montré l'emphytéose comme exclusivement usitée pour les terres des municipes et les fonds du domaine impérial. On trouve cependant les propriétés des temples louées par de longs baux de cent ans et même par des baux emphytéotiques (1); mais aucun monument ne nous apprend que telles conventions avaient été pratiquées entre particuliers. Tout semble indiquer que ceux-ci n'y avaient pas recours. Ce n'est qu'en approchant du règne de Zénon, c'est-à-dire de la moitié du cinquième siècle, que l'on commence à voir le contrat emphytéotique en usage dans les relations civiles des citoyens ; c'est ce qui résulte clairement de trois lois que l'on trouve au code de Justinien, *de jure emphyteutico*. A cette époque, les moyens d'utiliser les propriétés rurales étaient devenus de

---

(1) L. 2, c. 7, *de rei dominicæ.* L. 5, C. Théod. — *De loc. fund. juris emphyt.*

plus en plus difficiles et les *latifundia*, concentrés plus que jamais dans un petit nombre de mains, fussent restés improductifs sans le secours de l'emphytéose.

L'emphytéose, de contrat public ou administratif, est donc devenue un contrat privé accessible à tous les particuliers. Aucune condition spéciale de capacité n'était exigée chez les parties contractantes.

La capacité pour constituer une emphytéose sur son domaine était la capacité requise dans le cas d'aliénation. L'emphytéose est, en effet, par elle-même un démembrement de la propriété, une aliénation pour partie des privilèges de la propriété. Le *dominus*, après l'établissement du droit emphytéotique, n'a conservé qu'une faible parcelle de la propriété, le *jus abutendi*, soumis encore à des restrictions très caractérisées. On comprend donc que la capacité exigée pour la constitution de l'emphytéose soit la même que celle qui est demandée dans le cas d'aliénation.

Par voie de conséquence, toutes les personnes incapables d'aliéner, n'auront pas le pouvoir de constituer une emphytéose.

Les pupilles et les mineurs seront frappés d'incapacité.

Le mari qui, en vertu de la *loi Julia de fundo dotali,* ne peut aliéner le fonds dotal sans l'autorisation de sa femme, se verra soumis à la même formalité dans le cas d'établissement de bail emphytéotique. Ce pouvoir d'aliénation, avec le consentement de sa femme, s'évanouissant pour le mari, depuis Justinien, qui règlementa les bases de l'inaliénabilité dotale, disparut en même temps le droit de constituer des baux emphytéotiques.

Voyons comment s'établissait l'emphytéose et pour quelle durée. On pouvait créer une emphytéose par contrat et par acte de dernière volonté. Ce droit pouvait même être acquis par prescription.

1° *Du Contrat*. — Avant la Constitution de Zénon, qui fit de l'emphytéose un contrat *sui generis*, cette tenure était diversement considérée, soit comme une vente, soit comme un louage. De cette remarque, il s'ensuit que l'emphytéose était toujours regardée comme un contrat consensuel, dispensé à ce titre de toute formalité. Mais, depuis Zénon, les controverses se sont agitées sur le point de savoir si l'emphytéose était un contrat consensuel ou *litteris*. Ce qui a donné naissance à cette dispute juridique, ce sont les expressions employées par cet empereur : *pactionibus scriptura interveniente habitis* (1).

De ces expressions, d'éminents jurisconsultes, et Doneau en particulier, ont tiré cette déduction que la rédaction d'un acte était la condition essentielle de la validité de ce contrat. On invoque encore le texte des *Novelles 7 et 130*, et la longue durée du contrat qui rend indispensable un écrit.

Accurse et Cujas ont repoussé cette doctrine, en faisant remarquer que les mots *scriptura interveniente* visent simplement les pactes adjoints. Zénon exige, en effet, que les modifications apportées au contrat d'emphytéose, au moyen de pactes, soient constatées par écrit pour produire leurs effets ordi-

(1) L. 1, C. J., *De jure emphyteutico*.

naires. Cette constatation par écrit des pactes déro-
gatoires est imposée pour éviter les difficultés de
preuve que le temps eût pu rendre insurmontables.

Quant à l'argument tiré du texte des *Novelles*, il
ne prouve absolument rien, car il s'agit là de règles
particulières à une emphytéose spéciale, dont la
durée ne peut être perpétuelle, et dont les biens qui
en sont l'objet sont déclarés inaliénables. Il s'agit
des biens ecclésiastiques dont l'emphytéose est en-
tourée de certaines solennités, comme la rédaction
d'un écrit et le serment. Mais la constitution de
l'emphytéose avec ces garanties de solennité est
spéciale aux biens ecclésiastiques, et non applicable
au droit commun.

« Observons d'ailleurs, ajoute M. Tocilesco, que
l'exigence d'un écrit *ad solemnitatem*, cadre fort mal
avec les principes du droit classique et que si la
constitution de Zénon parle d'un écrit, le § 3 des Institutes n'exige rien de semblable ; ce paragraphe
est même placé au titre du louage, au milieu des
contrats consensuels. Enfin, il est probable que pour
apporter une modification aussi radicale à la condition des emphytéotes, jusque là traités comme des
locataires, et pour créer un nouveau contrat *litteris*,
le législateur se serait expliqué autrement que par
une simple parenthèse. Concluons donc qu'aucune
formalité n'est prescrite pour la convention consti-
tutive d'emphytéose, que l'écrit intervient *ad proba-
tionem* non *ad solemnitatem* (1). »

(1) M. Tocilesco, p. 117.

En résumé donc, le seul consentement des parties suffit à constituer le contrat emphytéotique ; le *dominus* et le preneur sont réciproquement obligés ; mais le droit réel en lui-même, le *jus prœdii reale*, est-il en même temps constitué ?

L'affirmative a été adoptée par les jurisconsultes, qui ont soutenu la théorie que les pactes et les stipulations étaient assez puissants pour la constitution de l'usufruit et des servitudes. Ce système, qui invoque à l'appui de sa thèse le texte des Institutes de Gaïus (2, 31) et de Justinien (§ 4 de servitude 2, 3 et § 1 *de usufructu*, 2, 4), a appliqué la même solution à l'emphytéose. A cette opinion, on répond que les pactes ont toujours été impuissants à transférer des droits réels. Les principes du droit romain sont à ce sujet invariables et la loi *20 C. de pactis* le proclame avec autorité : « *dominia rerum non nudis pactis, sed traditionibus transferuntur.* » La déduction à tirer de cette affirmation est que l'emphytéose, étant un droit réel, on doit appliquer à la transmission de ce droit, le mode qui lui convient, c'est-à-dire la tradition. Il est vrai que pour répudier la valeur de ces arguments, on invoque les liens de ressemblance qui rattachent le bail emphytéotique à l'usufruit. Mais alors même qu'il y aurait relation étroite entre ces deux contrats, ce qui est d'ailleurs parfaitement exact, faudrait-il démontrer préalablement que l'usufruit peut être constitué, sans avoir recours aux principes établis pour la constitution des servitudes. Or, ce point n'étant pas établi, la parenté que l'on veut bien établir entre ces deux tenures ne détruit pas notre système.

2°. *Du testament*. — On a toujours considéré que
le legs transmettait à son bénéficiaire la propriété
ou ses démembrements, lorsqu'il portait sur un corps
certain nettement individualisé. En d'autres termes,
le legs avait assez de force pour transmettre à son
bénéficiaire un droit réel. L'emphytéose, en qualité
de droit réel, peut être transférée par voie de legs,
sans qu'il y ait dans cette transmission du droit rien
d'insolite. Toutefois, les textes étant à peu près muets
sur ce point, il faut en conclure que le legs d'emphytéose devait être d'un usage assez restreint.

Doneau, toutefois, mettait en relief une différence
caractéristique entre le legs d'usufruit et de servitude et le legs d'emphytéose. Le legs d'usufruit peut
être pur et simple, tandis que le legs d'emphytéose
implique toujours une condition tacite. L'emphytéose, supposant toujours le paiement d'une redevance, le testateur doit en estimer le montant et le
légataire s'obliger à l'acquitter. La transmission n'a
donc lieu que sous la condition suspensive que le
bénéficiaire du legs acceptera l'obligation de la redevance. C'est dire, en d'autres termes, que si le
légataire vient après l'ouverture du legs, à décéder,
sans avoir pris parti, le legs sera caduc, tandis que
le legs d'usufruit ou de servitude passera à un héritier du légataire prédécédé.

Quelle était la forme du legs d'emphytéose?

Deux périodes, celle du droit classique et celle de
la législation de Justinien, doivent être distinguées.

A. — Période classique. — Il est universellement
reconnu que le legs *per vindicationem* étant un
mode d'acquérir, il sert à la constitution de tous les

droits réels civils : propriété quiritaire, servitudes
prédiales, usufruit, usage. Mais il reste inapplicable
aux droits réels de source prétorienne, ainsi qu'aux
droits de créance. Ce legs, conçu dans une forme
impérative, ne s'applique donc seulement qu'aux
choses dont la propriété quiritaire appartient au testateur, soit à la double époque du testament et de la
mort, si le legs est d'un corps certain, soit à l'époque de la mort seulement, si le legs porte sur une
quantité. Il exclut donc la chose qui est simplement
in bonis testatoris et les fonds provinciaux. De cette
théorie succincte du legs *vindicationem*, il découle
cette conséquence que l'emphytéose étant un droit
réel seulement reconnu par le droit prétorien, le
legs *per vindicationem* sera inapplicable à la constitution du droit emphytéotique.

Le legs *per præceptionem*, pouvant porter sur une
chose que le testateur avait seulement *in bonis* au
moment de sa mort, doit également être écarté, quand
il s'agit de l'emphytéose, car le détenteur d'un fonds
provincial ne possède pas l'*in bonis*.

Il ne reste donc plus que le legs *per damnationem*
et le legs *sinendi modo*, qui ne confèrent qu'une
créance contre l'héritier. Ces deux legs s'appliquaient
sans distinction, entre la propriété quiritaire ou prétorienne et les fonds provinciaux. L'emphytéose
peut donc être constituée sous l'une de ces deux formes. Mais le légataire emphytéote n'était investi que
d'une action personnelle pour réclamer le *dare* mis
à la charge de l'héritier.

B. — LÉGISLATION DE JUSTINIEN. — Une Constitution
fameuse de Justinien, rendue en l'an 529, vint enfin

supprimer les distinctions précédentes et confondre dans une classe unique tous les legs désormais investis d'effets uniformes (1).

Le légataire peut dorénavant poursuivre son legs par trois actions, la *rei vindicatio*, la *condictio ex testamento* et l'*actio hypothecaria*. L'emphytéose arrive directement au légataire et la seule formalité à laquelle ce dernier soit tenu, est son acceptation.

3° *Prescription.* — Le droit emphytéotique peut s'acquérir par prescription (2); ce qui avait lieu soit que le détenteur eût possédé sa propre chose au même titre en payant à un tiers un canon annuel et en lui imprimant ainsi la qualité de maître, soit qu'il eût acquis l'emphytéose *a non domino*, en vertu d'un titre translatif de propriété (3).

Ainsi donc, si un individu avait possédé pendant 30 ans un immeuble, en payant uniformément un canon annuel, on décidait qu'au bout de ce temps, le propriétaire n'avait pas le droit de l'expulser, pourvu qu'il fût prêt à continuer la prestation. Cependant, les circonstances pouvaient singulièrement modifier ce point. Il fallait interroger avec soin les faits, la nature de la prestation, afin de voir si celui qui se prétendait emphytéote n'était pas un simple fermier; sans quoi, on eût rendu tous les baux à ferme perpétuels.

---

(1) L. 1, C. *Communia de legatis*, 6, 43. Inst., liv. II, b. XX. *de legatis*, § 2.

(2) C. *De præscript., longi temporis.*

(3) Arg. des lois 15, § 26 et 27, D. — *De damno infecto.*

SECTION II

Extinction du droit emphytéotique.

Les causes d'extinction de l'emphytéose sont de deux sortes : les unes générales et communes à d'autres droits de même nature, les autres spéciales à la tenure emphytéotique. Nous allons passer en revue très brièvement ces deux causes d'extinction dans les deux paragraphes suivants.

§ 1. — *Causes d'extinction de droit commun.*

Dans cette première catégorie, on trouve : 1º la perte totale du fonds ; 2º l'échéance du terme ; 3º la mort de l'emphytéote sans successeur ; 4º la confusion de la qualité d'emphytéose et celle de propriétaire ; 5º la condition résolutoire ; 6º la prescription ; 7º le consentement mutuel des parties suivi de la tradition.

1º *Perte totale du fonds.* — Dès que la chose périssait complètement, l'emphytéose disparaissait. La perte était pour le propriétaire, tandis que l'emphytéote supportait la perte partielle. Cette cause d'extinction du droit emphytéotique était d'ailleurs très rare pour les fonds de terre.

2º *Echéance du terme.* — L'arrivée du terme stipulé dans le contrat met fin à l'emphytéose. La tacite reconduction n'a pas lieu. Ce cas d'extinction, comme le précédent d'ailleurs, n'est pas très fréquent, puisque de sa nature, sinon de son essence, l'emphytéose est perpétuelle.

3° *Mort de l'emphytéote sans successeur*. — Quand le détenteur vient à mourir sans héritier *ab intestat* ou testamentaire, le fonds fait retour au *dominus*. Ce retour est tout naturel. Mais s'il y a des héritiers, la tenure emphytéotique est recueillie par ces derniers avec les charges qui la grèvent. Cette transmission successorale différencie l'emphytéose de l'usufruit, qui s'éteint par la mort de l'usufruitier.

4° *Confusion de la qualité d'emphytéose et de celle de propriétaire*. — Il y a confusion lorsque les deux qualités de propriétaire et d'emphytéose se trouvent réunies sur une seule tête. Cette confusion résultera de la transmission par voie conventionnelle ou successorale, de l'emphytéose au propriétaire et réciproquement.

5° *Condition résolutoire*. — L'emphytéose peut être constituée sous une condition résolutoire. Cette modalité de droit commun est permise, puisque aucun texte n'en prohibe l'insertion dans ce genre de contrat. En conséquence, l'arrivée de la condition résolutoire anéantira le droit de l'emphytéote.

6° *Prescription*. — Ce mode d'extinction peut se produire de diverses manières : on peut d'abord établir l'hypothèse où l'emphytéote serait resté 30 ans sans exercer son droit; le non usage pendant ce laps de temps étendra son droit sur le fonds qui fera retour au propriétaire. Tantôt, ce sera un tiers de bonne foi, qui aura possédé un immeuble emphytéotique en qualité de propriétaire; la possession trentenaire dégrevera le fonds de la charge emphytéotique ; et la possession même de dix à vingt ans produira [ce résultat si le *dominus* a juste titre et bonne foi.

Mais que penser de l'emphytéote qui a possédé pendant 10, 20, ou même 30 ans sans que le propriétaire eût fait valoir ses droits ? M. Tocilesco répond à cette question en ces termes : « Il est certain et évident que l'emphytéote ne saurait comme tel acquérir le fonds, ni par la prescription ordinaire, car il n'a ni titre ni bonne foi, ni possession *cum animo domini* ; ni par la prescription extraordinaire, car elle requert la bonne foi et *l'animus domini*. La loi *15, § 27, D. lib., XXXIX, tit. 2*, dont on a voulu se prévaloir à l'appui de l'opinion contraire, n'a pas de rapport avec la question qui nous occupe ; elle ne traite pas de la prescription qui serait invoquée par l'emphytéote, mais de la prescription d'un *prædium vectigale* dans la possession duquel on aurait été envoyé *ex secundo decreto prœtoris*, par le motif que le municipe qui possédait ce *prædium* n'avait pas donné la *cautio damni infecti* (1). »

De cette théorie, il ressort que l'emphytéote sera libéré de l'obligation de payer le canon annuel. Le propriétaire sera déchu du droit de le demander, après son inaction pendant 30 ans. Mais l'emphytéote ne pourra jamais revendiquer la propriété du fonds, car il ne peut intervertir de sa propre volonté son titre de possession. Le propriétaire conservera toujours l'action en revendication contre l'emphytéote qui voudrait se prévaloir du titre de

_____
(1) M. Tocilesco, p. 149.

propriétaire. Il aura, en outre, la faculté d'exiger le paiement des redevances échues et non prescrites par le délai de trente ans, la prescription trentenaire ne courant pour les prestations périodiques qu'à partir de chaque échéance.

7° *Consentement mutuel des parties, suivi de la tradition.* — L'emphytéote et le propriétaire peuvent, d'un commun accord, mettre fin au contrat emphytéotique ; mais un mutuel consentement, non suivi de tradition, serait impuissant à obtenir ce résultat. Il faudra donc que l'emphytéote remette en possession, au moyen d'une tradition inverse, le propriétaire, qui le libèrera à son tour de toute obligation.

L'emphytéose peut-elle s'éteindre par la renonciation du bénéficiaire à l'usufruit ?

Quelques auteurs adoptent cette solution. Nous ne saurions admettre cette théorie, qui est contraire aux principes généraux du droit romain. On n'a jamais admis en droit romain, pas plus qu'en droit français, qu'une convention qui engendre des obligations bilatérales, puisse être annihilée par la volonté d'un seul. Il faut, pour rompre les effets d'un pareil contrat, le concours des deux volontés qui ont concouru à sa formation ; s'il en était autrement, les relations commerciales et civiles seraient, à raison de leur instabilité, rendues impossibles.

§ 2. — *Causes d'extinction spéciales à l'emphytéose.*

On peut énumérer trois causes d'extinction spéciales à l'emphytéose :

1° Déchéance pour cause de détérioration ;

2º Déchéance pour défaut de paiement du canon et des impôts ;

3º Déchéance pour cause d'irrégularité dans la transmission du droit emphytéotique.

1º Déchéance pour cause de détérioration. — Parmi les causes de cessation de l'emphytéose, on peut compter les abus énormes, les dégradations considérables, les malversations dommageables dont l'emphytéote était convaincu pendant sa jouissance (1). On peut même ajouter que le propriétaire n'était pas absolument tenu de demander le retrait lorsque le propriétaire se rendait coupable de malversation. Il était libre de l'actionner pour le contraindre à faire les réparations nécessaires à l'effet de maintenir les choses en bon état, ou les améliorations contenues dans le contrat.

2ª Déchéance pour défaut de paiement du canon et des impôts. — Une autre cause de la cessation de l'emphytéose se tirait de la négligence de l'emphytéote à payer le canon aux époques fixes. S'il laissait écouler trois ans sans acquitter la redevance, la loi *2 au Code de jure emph.*, le déclarait déchu. Justinien, au début de la Constitution, pose le principe de la liberté des conventions en matière de déchéance pour défaut de paiement de la redevance annuelle. Les parties sont maîtresses de stipuler telles clauses qui leur conviennent dans la règlementation de l'hypothèse du défaut de paiement du canon. Cette convention fixera leur conduite réciproque. Mais si les parties ne stipulent rien, la déchéance sera en-

(1) Gaïus. — Inst. III, 145.

7

courue par l'emphytéote s'il ne fournit pas la redevance pendant trois années consécutives. Ce délai
de trois ans est un innovation de Justinien, car avant
lui, lorsque la nature propre de l'emphytéose était
encore indéterminée, on appliquait à ce point de
droit les règles du louage ; la déchéance était encourue après deux années consécutives de non
paiement.

A partir de quel moment la déchéance de l'emphytéote se produisait-elle ? Cette question est contro-
versée ; nous estimons que la déchéance avait lieu
de plein droit ; c'est-à-dire que le propriétaire qui
voulait user du droit d'expulsion que la Constitution
lui conférait, n'avait pas besoin d'interpeller l'emphytéote pour lui faire sommation de payer l'arriéré.
L'emphytéote ne pouvait, le délai de trois ans expiré,
prévenir son expulsion par l'offre tardive du montant de sa dette. Il ne faudrait pas toutefois conclure que le défaut de paiement pendant trois années
consécutives, faisait encourir la déchéance à l'emphytéote, alors même que le maître s'y serait opposé.
Ce serait une interprétation singulière de la Constitution de Justinien, qui n'a jamais voulu dire pareille
chose. Cette déchéance, qui frappe l'emphytéote,
serait un avantage pour lui, lorsqu'il voudrait se
soustraire à ses engagements ; le moyen serait trop
commode.

Le droit canonique n'adopta pas cette rigueur ; il
adoucit la position de l'emphytéote des biens ecclésiastiques, qui, sous un autre point de vue, avait été
plus durement traité, puisque le délai de grâce à son
égard n'était que de deux ans au lieu de trois. Il fut

autorisé à purger sa demeure en satisfaisant l'église aussi parfaitement que possible.

Le propriétaire qui, sur les poursuites exercées, aurait obtenu le paiement de l'arriéré, pouvait-il encore obtenir le délaissement du fonds emphytéotique?

Vinnius (1) adopte la négative en invoquant la *lex commissoria* insérée dans une vente et il conclut qu'on ne peut pas demander à la fois : *pœnam et rem.*

On répond que les deux hypothèses sont bien différentes ; il serait certes souverainement injuste d'attribuer au vendeur le droit d'exiger tout à la fois, la restitution de la chose vendue et le paiement du prix, car la *pœna* a été stipulée pour tenir lieu de la *res*. Mais, dans notre hypothèse, il faut entendre par la *res*, l'arriéré dont le propriétaire a poursuivi le paiement, et par *pœna*, la déchéance qui a pour but de punir le simple retard et qui ne saurait tenir lieu de canon ; l'emphytéote a manqué à son obligation en ne payant pas à l'échéance ; il ne doit pas être, par un payement tardif, relevé d'une peine dont la cause subsiste.

3° *Déchéance pour cause d'irrégularité dans la transmission du droit emphytéotique.* — Nous avons suffisamment expliqué quelles sanctions encourait le preneur emphytéote, qui, en cas de transmission de son fonds, n'avait pas fait au propriétaire, la *denunciatio,* attendu l'expiration du délai de

---

(1) *Selectæ quæstiones.*

deux mois, ou payé le *laudemium*, pour n'avoir pas
à y revenir.

La cessation de l'emphytéose par l'une des causes
énumérées ci-dessus faisait retourner la chose au
propriétaire. L'emphytéote devait la lui remettre en
bon état, sans cependant être tenu des réédifications
et des réparations. L'emphytéote était également
obligé de livrer au propriétaire et sans indemnité,
les améliorations qu'il s'était engagé à faire lors de
la constitution de l'emphytéose.

CHAPITRE III

Emphytéoses Exceptionnelles.

———

L'emphytéose commença à être mise en usage pour les biens du domaine privé du prince. Puis, elle fut appliquée au domaine de l'Etat, à l'exemple de l'ancien *vectigalis*, et aux biens de l'Eglise, après que Constantin l'eût enrichie de propriétés considérables. Enfin, après avoir existé pendant longtemps à titre de droit public ou administratif, l'emphytéose devint un contrat de droit privé ; son application devint usuelle dans tout l'Empire et on vit partout des baux emphytéotiques.

Voilà le tableau des diverses phases suivies par l'emphytéose. Nous avons parcouru les règles qui régissent l'emphytéose portant sur les biens des simples particuliers ; disons quelques mots de l'emphytéose des biens du domaine impérial et de l'emphytéose des biens ecclésiastiques.

§ 1. — *Emphytéose des biens du domaine impérial.*

Les caractères particuliers de cette emphytéose sont peu nombreux ; les quelques dérogations aux principes du droit commun tiennent plutôt à la qualité de fonds impériaux qu'à celle de biens emphytéosés.

Une Constitution de Constantin permettait à l'emphytéote de céder son droit par donation, sans être tenu de se munir d'une permission du juge, sauf toutefois à répondre du paiement du canon. La loi *1 C. de fundis patrim.* est formelle. Mais Cujas pensait qu'il n'en était pas de même dans le le cas de vente et que le consentement du *rationalis* ou procureur de l'empereur était indispensable. Cette opinion, adoptée par de savants auteurs de l'école allemande, ne semble admissible qu'avec quelques tempéraments : aucun texte ne parle de la nécessité de cette autorisation ; plusieurs même s'occupent du commerce des choses emphytéosées et gardent le silence sur la loi d'une permission préalable (1). Tout ce qu'on exige du cédant, c'est que, si son concessionnaire est insolvable, il réponde en son nom personnel des prestations.

Troplong pense que ce qu'il y a de plus vraisemblable là-dessus, c'est que les agents du fisc élevaient souvent des difficultés sur les transmissions de biens emphytéosés, et que leurs prétentions, quelquefois appuyées ou encouragées par les empereurs avares, qui trouvaient dans ces exigences une occasion de rançonner les parties, n'étaient cependant pas toujours jugées favorablement par le prince.

---

(1) L. 13 au C. *de prædiis et aliis reb.* — ULPIEN 1. 3, § 4, D. *de reb. eor.* — THÉOD. et VALENT., l. 3 C. 7 *de loc. præd.* — GRAT. et VAL., 1, 3, C. 7, *de fundis rei privatæ.*

L'interprétation de la loi 4 *de fund. patrim. C. 11, 61,* relative au défaut de paiement des redevances a donné lieu à controverse. On a agité le problème de savoir si l'emphytéote d'un bien impérial pouvait être expulsé pour non paiement d'un bien impérial. Cujas a émis l'opinion que cette loi prohibait tout droit d'expulsion de la part du propriétaire. Cette thèse ne paraît pas soutenable, car le texte invoqué par l'éminent jurisconsulte est loin d'être décisif. Il serait peut-être plus sage de décider que, dans cette Constitution, les empereurs Valens, Valentinien et Gratien ont voulu rappeler le principe de l'irrévobilité des concessions emphytéotiques, si fréquemment violé par les agents du fisc. En conséquence, l'emphytéote qui manque à son obligation de payer régulièrement la redevance peut être expulsé par le *rationalis,* après avoir au préalable obtenu un permis exprès de l'empereur.

Ce qu'il y a de tout à fait particulier aux biens du domaine impérial, c'est d'abord l'obligation de fournir caution et ensuite l'exclusion de certains fonctionnaires, comme les *palatini,* les *curiales, etc.,* qui auraient pu profiter de leur situation pour se faire des conditions avantageuses au détriment du fisc. On les avait mis, pour cette raison, au nombre des *personœ prohibitœ,* ne pouvant acquérir ni directement ni par personnes interposées un droit emphytéotique sur les fonds impériaux.

§ 2. — *Emphytéoses des biens ecclésiastiques.*

Les biens des temples et des collèges, dont l'origine se trouve dans l'histoire la plus reculée de Rome, avaient acquis un si rapide développement, malgré les incapacités d'acquérir, qu'ils constituaient de puissantes richesses. L'administration de ces *latifundia* s'assimila les principes propres aux domaines du fisc et des cités et surtout l'usage des concessions à perpétuité ou à long terme. Avec le triomphe du Christianisme et surtout depuis que Constantin eut reconnu à l'Eglise la faculté d'acquérir et de posséder des biens, la propriété ecclésiastique fut définitivement constituée, et elle s'accrut progressivement par suite de la restitution d'anciennes possessions jadis confisquées, de l'attribution, qui leur fut faite, de biens appartenant aux temples fermés du paganisme, mais surtout par suite des donations faites à l'Eglise, soit par l'empereur lui-même, soit par de simples particuliers. Les empereurs firent plus, ils voulurent donner une stabilité au domaine patrimonial de l'Eglise : Léon rendit inaliénables les immeubles de l'Eglise principale de Constantinople, Anastase en fit autant pour tout le ressort de cette ville, et quelques années après, la prohibition d'aliéner devint générale pour tout l'Empire. Mais ces prohibitions furent éludées par l'Eglise elle-même, dont l'œuvre de charité et de propagande religieuse exigeait surtout des ressources mobilières, et ce fut à l'emphytéose déjà en usage dans les provinces grecques de l'Empire que les évêques et les clers eurent recours, pour ne point violer trop ouvertement le droit des Constitutions (1).

Comme l'emphytéose pouvait devenir une pratique dangereuse pour les biens de l'Eglise, en raison des pouvoirs presques similaires à ceux d'un propriétaire qui étaient conférés au preneur, les empereurs apportèrent des modifications importantes aux règles ordinaires de l'emphytéose. Anastase n'attribua le caractère de perpétuité qu'à l'emphytéose dont le contrat était constaté par écrit; l'emphytéose verbale serait dorénavant viagère. Justinien, poussant plus avant dans la voie des restrictions, décida que l'Eglise ne pourrait plus se servir que de l'emphytéose temporaire, dont le nombre des titulaires était limité à trois, savoir le preneur originaire, deux de ses héritiers ou le conjoint. C'était la *Novelle 7* qui contenait cette innovation.

Dans la *Novelle 120*, Justinien restreignit cette prohibition de l'emphytéose perpétuelle aux biens dépendants de l'église de Constantinople, laissant toute latitude pour les autres églises situées dans le reste de l'Empire. Justinien compléta l'œuvre de modification de l'emphytéose ecclésiastique, en décidant que le contrat emphytéotique serait soumis à la rédaction d'un *instrumentum* et que la déchéance pour défaut de paiement serait encourue après un simple délai de deux années.

(1) M. FRANÇOIS. — *Essai sur l'emphytéose.*

Enfin, l'Eglise jouissait d'un droit de retrait, tout à fait en dehors du droit commun, dans le cas où l'emphytéose se trouvait transmise à certaines personnes morales. Ce retrait pouvait être exercé par l'Eglise pendant un délai de deux ans, quel que fût le titre d'acquisition, soit à cause de mort, soit entre vifs.

Voilà les principales règles particulières dont l'emphytéose ecclésiastique était affectée.

CHAPITRE IV

Comparaison de l'Emphytéose avec quelques-uns des Droits et Contrats qui s'en rapprochent.

En parcourant le domaine de l'emphytéose, nous avons pu constater que certains principes étaient empruntés à d'autres institutions. Mais malgré ces similitudes, nous ne saurions trop affirmer que cette tenure présente une originalité bien caractérisée. C'est pour mettre ce point en relief que nous allons rapidement passer en revue les divers droits et contrats avec lesquels l'emphytéose présente une certaine parenté et marquer en même temps la ligne de démarcation qui les sépare.

§ 1. — *De l'usufruit.*

C'est avec l'usufruit que l'emphytéose a des liens de subordination très étroits. Cette institution a contribué largement à combler les lacunes de l'emphytéose et à résoudre certains problèmes dont la solution était en suspens. La parenté est très proche entre les deux tenures et c'est cette analogie même qui a permis de suppléer au silence des textes traitant de l'emphytéose. Dans les deux contrats, il y a démembrement du droit de propriété, dislocation des divers caractères constituant le *dominium*. L'*usus* et le *fructus* passent aux détenteurs de l'usufruit et de l'emphytéose et la corrélation est très étroite dans le mode de jouissance de ces divers bénéficiaires. L'usufruitier et l'emphytéote ont des pouvoirs très étendus et des actions efficaces pour les faire respecter. L'emphytéose fait retour au *dominus* lorsque le détenteur s'éteint sans laisser de successeur. Il s'opère alors une transformation dans la durée de jouissance de ce droit, qui de perpétuel devient temporaire, dont la conséquence est de rendre plus étroite la similitude de ce contrat avec l'usufruit. Mais, malgré ces ressemblances, dont personne ne peut contester l'existence, la tenure emphytéotique conserve un caractère d'originalité qui lui donne une vie propre et personnelle.

L'usufruitier n'a pas le droit de transformer le fonds ; pas de modification agricole, voilà la règle qui ne fléchit que devant une convention contraire. Le but historique de l'emphytéose est, peut-on dire, l'opposé de celui de l'usufruit ; cette tenure implique toujours l'idée d'amélioration, de culture nouvelle, de travail pour augmenter les rendements d'un terrain.

L'usufruit est toujours temporaire et viager ; l'emphytéose, au contraire, généralement perpétuelle.

L'usufruitier a la *juris possessio*, l'emphytéote la *corporis possessio*.

L'usufruit peut être constitué sur des meubles ou des immeubles ; l'emphytéose porte toujours sur des immeubles et principalement sur des fonds de terre.

L'emphytéote devient propriétaire des fruits par la simple séparation du sol, l'usufruitier par la perception.

L'usufruit s'éteint par la mort du titulaire ; l'emphytéose, au contraire, est transmissible aux successeurs testamentaires ou *ab intestat* du concessionnaire.

Les actions confessoire et négatoire utiles et les interdits quasi-possessoires sont le privilège de l'usufruitier. L'emphytéose a, de plus, l'action en revendication utile et les actions *aquœ pluviœ arcendœ et arborum furtim cœsarum.*

§ 2. — *Du louage.*

La relation est encore plus étroite entre le contrat emphytéotique et le contrat de louage, auquel, jusqu'à Zénon, la jurisprudence l'assimilait. L'emphytéose, en effet, participe du bail à loyer en ce que le preneur qui reçoit le fonds, s'oblige à payer au bailleur un canon ou prix annuel, comme dans le cas de la location, et qui, faute d'avoir satisfait à cette obligation durant deux ans (1), peut être expulsé et privé du fonds qu'il aurait reçu (2) ; mais elle en diffère d'ailleurs sous les points de vue suivants :

1° En ce qu'il suffit au fermier ordinaire de bien entretenir le fonds dans l'état où il l'a reçu, et qu'il

(1) Depuis Justinien, le délai est de trois ans pour l'emphytéose.
(2) L. 2 C. *de jure emphyteutico lib.* 4 t. 66.

lui est dû récompense des améliorations qu'il peut y
avoir faites, tandis que l'emphytéote est tenu d'améliorer l'héritage sans espoir de récompense à sa
sortie.

2° L'emphytéose diffère encore du bail ordinaire,
en ce que, dans le cas d'une ou plusieurs années de
stérilité, si la perte résultant de ce déficit, n'avait
pas été compensée par d'autres années d'abondance,
le fermier ordinaire peut demander une réduction
du prix de sa ferme, tandis que l'emphytéote n'a pas
le même avantage.

3° L'emphytéose temporaire ou perpétuelle constitue un droit réel, un *jus in re aliena*. L'emphytéote a, en outre, comme droit sanctionnateur, une
action réelle et la possession *ad interdicta*, prérogatives dont ne peut se prévaloir le fermier même
perpétuel. Ce dernier n'a qu'un droit personnel
contre le locateur dont il n'est en quelque sorte que
le représentant sur le sol exploité.

4° Le locataire n'acquiert les fruits que par la
perception ; l'emphytéote les perçoit par la simple
séparation du sol.

§ 3. — *De la vente.*

L'emphytéote participe d'un contrat d'aliénation
en ce qu'il transfère un droit réel ordinairement
perpétuel et transmissible aux héritiers ou à un
acquéreur à titre particulier. Mais la différence est
si considérable entre ces deux contrats que l'on
conçoit très bien la solution de Gaïus, refusant de
voir dans l'emphytéose un contrat de vente.

1° La vente transfère ordinairement à l'acheteur l'intégralité des droits du vendeur sans aucune restriction. Ce dernier n'aura aucune retenue sur cette chose, qui passe entièrement à la disposition de l'ayant-cause. L'emphytéose, au contraire, ne transfère jamais la propriété du fonds au preneur ; il lui en transmet les plus solides avantages, mais le *dominus* ne se dessaisit pas de son titre de propriétaire ; sans doute, l'emphytéote affaiblit beaucoup ce titre de propriété, mais il ne le détruit pas.

2° Le paiement du prix par l'acheteur ne se divise pas généralement en annuités périodiques ; l'emphytéote est, au contraire, astreint à l'acquitement de redevances annuelles pendant toute la durée de la jouissance.

3° La perte totale de la chose ne libère pas l'acheteur du paiement du prix ; en d'autres termes, les risques sont entièrement à sa charge, lorsque le vendeur n'a à se reprocher ni faute ni imprudence. L'emphytéote est libéré, en pareille occurrence, de toute obligation,

§ 4. — *Du précaire.*

Nous allons exposer très rapidement le système de ce mode d'exploitation et mettre en relief ses ressemblances et ses antinomies avec l'emphytéose. Nous trouvons la définition du précaire dans un texte d'Isidore de Séville : « le précaire existe lorsque le créancier, prié par une prière humble, permet que le débiteur demeure dans la possession du fonds qu'il a engagé, avec le droit de percevoir les fruits. »

Isidore ajoute que c'est du fait de cette prière que le *precarium* tire son nom.

De cette définition, il résulte que nous sommes en présence d'un individu qui, ayant engagé son fonds par hypothèque ou antichrèse, reçoit de son créancier la faveur d'en jouir.

Un passage d'Ulpien, dans la loi *1 liv. 43, p. 26,* nous donne une définition du précaire en termes généraux : « *precarium est quod precibus petenti utendum conceditur tamdiu quamdiu, is qui concessit, patitur.* » Cette définition du précaire traduit la conception sous laquelle il était envisagé à l'époque classique. Ulpien ajoute que ce genre de concession est du droit des gens, c'est-à-dire que la pratique du précaire n'était pas particulière aux Romains.

De cette conception du précaire, les conséquences suivantes découlent :

1° Le *precarium* suppose une prière de la part du preneur et une concession bienveillante de la part du bailleur.

2° Cette libéralité est révocable *ad nutum.* Cette révocabilité du précaire existait même lorsque ce dernier était concédé pour un temps déterminé. C'est ce que nous indique Celsus.

Le précariste a, comme l'emphytéote, la *corporis possessio* et l'exercice des interdits, avec cette unique différence qu'il ne peut les exercer contre le maître du fonds : « *qui precario fundum possidet, is interdicto uti possidetis adversus omnes præter quem rogavit uti potest.* »

Comme l'emphytéote, le précariste a la liberté d'appliquer au fonds concédé le système d'exploitation qui lui convient. Aucune restriction n'est apportée dans sa jouissance et il acquiert les fruits par la simple séparation du sol.

Mais des différences notables séparent ces deux tenures. La révocabilité *ad nutum* est particulière au précaire ; le précariste est sous la dépendance étroite du *dominus*, qui laisse jouir parce que tel est son bon plaisir. L'emphytéote, au contraire, n'a pas à supporter les caprices du *dominus* ; son droit est intangible, pourvu qu'il respecte les clauses du contrat qui le lie. Il a un droit ferme qui résiste aux volontés du propriétaire, et son droit méconnu, il a des moyens de contrainte.

Les éléments essentiels de l'emphytéose, qui sont la durée et là redevance annuelle, sont incompatibles avec la nature du précaire, qui est temporaire et gratuit.

L'emphytéose est transmissible aux héritiers de l'emphytéote ; le précaire s'éteint par la mort du précariste. Cette solution est certaine, et la plupart des jurisconsultes discutent si le maître peut encore diriger contre l'héritier l'interdit *de precario* ou s'il n'est pas réduit à l'action en revendication ou à l'interdit *de clandestina possessione*. Mais généralement, la faveur de cette concession passe aux héritiers et on trouve des familles se perpétuant, pendant des siècles, sur le même lopin de terre possédé à précaire.

Le précariste, à la différence de l'emphytéote, n'a pas d'action en revendication, ni de publicienne. Il avait sans doute la *justa possessio*, mais on lui refusait l'*actio furti*, car il n'était pas, disait-on, responsable du *furtum*, vis-à-vis du concédant.

8

§ 5. — *De la superficie.*

Les Romains entendent par *superficies* toute cons-
truction élevée sur le sol ; dans le droit civil, elle
appartient au maître du terrain : *omne quod inædi-
ficatur solo cedit.* Mais le préteur permet de faire
échec à ce principe, au moyen d'un droit réel particulier que le propriétaire consent sur la *superficies*
et qui en prend le nom.

Ce droit s'établit, soit à titre gratuit, par legs ou
donation, soit à titre onéreux, par convention suivie
d'une quasi-tradition. Dans ce dernier cas, la rémunération peut consister dans un prix unique, ce qui
assimile l'opération à la vente, ou dans une redevance périodique *salarium, pensio*, ce qui la rapproche du louage. Les termes de l'Edit ne prévoyaient
d'ailleurs que ce dernier mode d'établissement (1).

Le superficiaire est dans une situation mixte. A
l'égard du propriétaire du sol, il est créancier par
suite de la convention ; il peut donc poursuivre en
garantie dans le cas d'éviction. Mais à l'égard des
tiers, il jouit d'un véritable *jus in re*, pourvu que la
concession lui ait été faite à long terme, *ad non modicum tempus.* Plus énergique que le bail, la superficie démembre la propriété, il investit le superficiaire de la libre disposition de la superficie, de telle
sorte que celui à qui cette superficie est concédée,
peut la donner à antichrèse, y établir des servitu-

(1) L. 1 § 6, 7 *de superficiebus*, 43,18.

des et même l'aliéner sans consulter le propriétaire, toutes choses que ne peut faire le preneur à bail. Aussi, la glose disait-elle que le superficiaire est maître de l'immmeuble, *non jure directo, sed utiliter* (1), et Accurse et presque tous les docteurs l'appellent *quasi dominus*. Il suit de là que le conducteur d'un droit de superficie, n'a pas seulement un droit de servitude personnelle dans la chose, comme l'usufruitier ; il a un droit dans la propriété même. Ainsi la superficie est véritablement une propriété immobilière perpétuellement transmissible aux héritiers de tous les degrés du superficiaire : « *veniunt in judicium familiæ erciscundæ prædia quæ nostri patrimonii sunt, sed etiam vectigalia vel superficiaria* (2). »

Le superficiaire est admis à l'usage de tous les interdits possessoires, pour la conservation de sa jouissance : « *tuetur itaque prætor eum qui superficiem petiit veluti uti possidetis interdicto* (3). »

Il reste à faire une dernière observation. C'est que le propriétaire, après avoir joui de la redevance pendant toute la durée du contrat, reprend à l'expiration la chose avec les améliorations superficiaires qui accèdent au fond. Le bailleur n'a pas un droit pareil à l'égard de son fermier.

Cet exposé du contrat de superficie, révèle une grande analogie avec l'emphytéose. Mais cette tenure en diffère en ce qu'elle ne donne droit qu'à la su-

(1) L. 2 D. *de superficieb.*
(2) L. 10, *familiæ ercirscundæ*, lib. 10, tit. 2.
(3) L 1, § 2, *de superficibus.*

perficie, tandis que le droit de l'emphytéote s'étend
au fonds et à la superficie et *in universo prœdio*. Si
Pierre, par exemple, donne un terrain pour 60 ans
à Paul, afin qu'il y bâtisse, Pierre concèdera un
droit de superficie qui fait que, pendant toute la durée du contrat, Paul sera maître de la maison, mais
il ne sera que superficiaire, car Paul n'a droit qu'à
la maison qui forme la superficie du terrain. Mais si,
au contraire, Pierre donne à Paul une terre inculte
pour qu'il l'améliore par tous les assolements, plantations, constructions, défrichements, Pierre concèdera plus que le droit de disposer de la superficie,
Paul aura un droit sur le sol, il sera emphytéote.
Cujas dit : *superficiarius accipit solum ut superœdi-
ficet* ; *emphyteuta ut aret, colat, serat, plantet, superficiarius habet jus in superficie, emphyteuta in
solo*.

Cette nuance entre l'emphytéose et la superficie,
n'est pas une vaine abstraction. Elle produit de
graves conséquences. En effet, le droit de superficie
s'éteint par le changement survenu dans la superficie du sol, tandis qu'un pareil changement ne met
pas fin au droit de l'emphytéote. La raison en est que
le premier n'a contracté que pour la superficie que
la convention a eue en vue : d'où il suit que si cette
superficie est changée, le contrat est dissous, *interitu
rei* ; au contraire, l'emphytéote, ayant stipulé pour
le fonds même, le contrat doit subsister tant que le
fonds ne périt pas.

§ 6. — *Du Colonat.*

Le colonat et le contrat emphytéotique sont contemporains des mêmes misères publiques, les *latifundia* et l'extinction de la classe moyenne. Ils ont pour but, chacun dans sa sphère, d'y porter remède. Mais le mal était trop profond, et trop de causes diverses contribuaient à l'enraciner. Nous allons étudier ce nouveau genre d'exploitation du sol, et après avoir révélé son économie, nous le comparerons à l'emphytéose.

Une nouvelle classe de cultivateurs se révèle tout à coup sous la législation des empereurs chrétiens, et le mot *colonus* qui, jusque là, avait plutôt désigné le cultivateur libre, propriétaire ou fermier, prend une acception plus large ; il s'étend spécialement à une condition intermédiaire entre l'esclavage et la liberté. Le colon, tel que les Constitutions des empereurs le représentent, n'est plus le colon des anciens temps, celui à qui s'adressent les principes de Caton et les réponses des jurisconsultes. C'est un nouvel état social d'hommes attachés à la culture. Signalons les principaux caractères du colonat, tel que nous le voyons organisé sous les empereurs.

A l'époque de l'établissement du Colonat, il existait encore des esclaves attachés à des fonds de terre et inséparables du sol. Les lois en font mention (1) ;

---

(1) C. J. lib. XI, tit. 47, 49, 50, 51, 52, 63, 67, *de agricolis et censitis et colonis — de fugitivis colonis, — de agricolis et mancipiis dominicis, vel fiscalibus rei publicæ et rei privatæ.*

mais il ne faut pas les confondre avec la classe des colons dont nous parlons. Les esclaves sont les agents passifs des plus rudes labeurs de l'agriculture ; pour salaire, le maître ne leur donne que la nourriture, le logement, à peu près comme aux bêtes de somme destinées à l'exploitation des terres ; mais les colons, quoique tenant d'assez près à l'état servile, exercent une espèce d'industrie ; ils sont, en quelque sorte, les fermiers perpétuels des domaines auxquels leur naissance ou la convention les attache ; ils payent au propriétaire une redevance annuelle. C'est là surtout le point caractéristique pour le sujet qui nous occupe.

Une Constitution de Valentinien (2) exigeait que cette redevance fût payée en nature, à moins d'usages contraires, désirant en cela favoriser les colons souvent embarrassés pour convertir en argent les fruits de la chose. Quelques érudits ont vu dans cette Constitution une des causes principales qui ont maintenu et développé les cultures à mi-fruit dans les provinces où nous les voyons encore si fréquentes. Cette redevance était fixe, il était défendu au maître de l'élever. Les Constitutions impériales, voulant sauver une classe de personnes si utiles à l'agriculture de l'avarice des propriétaires, autorisaient tout colon de qui son maître exigeait plus que la redevance accoutumée et déterminée par l'usage ancien du domaine, à s'adresser au juge, afin de faire réprimer ces exigences et de forcer le propriétaire à rendre ce qu'il aurait exigé de trop par une telle superex-

(2) L. 5 C, *de agricolis.*

action. C'était là pour les agriculteurs une importante garantie ; ils pouvaient se livrer à des améliorations et augmenter leur aisance sans crainte de se voir arracher leurs sueurs par une main jalouse.

Une autre garantie leur était assurée : c'est qu'il n'était pas permis de les séparer du domaine ; le propriétaire ne pouvait les vendre qu'avec la terre et la terre ne pouvait être vendue sans eux. Lorsque l'héritage était soumis à des partages de succession, on prenait des précautions pour que les familles de colons ne fussent pas divisées. Qui aurait pu supporter, disent les lois (1), que les enfants fussent séparés de leurs parents, les sœurs de leurs frères, les femmes de leurs maris ?

Toutefois, le propriétaire de plusieurs fonds pouvait distraire des colons de ceux qui en avaient trop, pour les transporter dans ceux qui n'en avaient pas assez. L'intérêt de l'agriculture l'emportait ici sur les convenances du colon. Mais, dans ces déplacements, on s'appliquait toujours à ne pas séparer les membres d'une même famille (2).

Aussi, soit sous les rapports des liens du sang, soit sous le rapport de la sécurité des possessions, le sort des colons avait été environné de certaines précautions tutélaires. Leur lien héréditaire à l'immeuble qui les avait vu naître leur donnait pour cette autre patrie une affection qui devait tourner au profit de l'agriculture.

---

(1) L. 2 C., *Comm. utriusq. judicis.*
(2) L. 13 C., *de agricolis.*

Mais, sous d'autres points de vue, leur condition était fort dure. S'ils n'étaient pas tout à fait esclaves, ils se rapprochaient cependant de l'état servile par plusieurs points de contact. On les a divisés en deux classes, l'une composée des *adscriptitii, tributarii, censiti*; l'autre, d'une autre classe des colons, appelés proprement *coloni* ou *coloni liberi*. Mais cette seconde classe de colons était une exception. Elle ne comprenait que les hommes d'origine libre, devenus colons par la prescription de trente ans, et les enfants procréés du mariage d'un colon et d'une femme libre. Mais, en général, le mot colon est employé comme générique; il embrasse les deux divisions citées ci-dessus, et quand on cherche de plus près en quoi consistait ce plus haut degré de liberté dont aurait joui une certaine classe de colons, on s'aperçoit que dans la pratique, la violence et l'abus avaient fait disparaître la distinction de la loi.

D'abord, ils sont attachés à la glèbe ; *glebæ inhœrens præcipimus* (1); s'ils prennent la fuite, ils sont poursuivis, traqués comme des animaux et restitués au fonds dont ils sont originaires (2). Ils sont esclaves de la terre sur laquelle ils sont nés.

Ils sont tenus à des châtiments corporels. Ils ne peuvent intenter aucune action en justice contre le maître, si ce n'est pour crime de la part de celui-ci (3) ou pour cause de superexaction.

_____

(1) L. 15, C. *de agricolis.*
(2) L. 11 et 12, C. *de agricolis.*
(3) L. 2, C. *in quib. causis col.*

La capitation pèse sur eux tous sans exception. On sait que dans l'empire romain, le trésor public percevait deux grandes contributions : la contribution foncière payée par le propriétaire et la contribution personnelle, espèce de taille, payée par ceux qui, n'ayant aucune propriété, n'étaient pas atteints par la contribution foncière. La contribution foncière se prélevait d'après un cadastre dont les registres désignaient la nature des terres, champs, pâturages, prés, bois, les troupeaux et les esclaves. Pour ce qui concerne la contribution personnelle, on tenait des registres du cens, sur lesquels étaient inscrits tous les individus taillables. Cet impôt avait été aboli dans les villes, mais il pesait de tout son poids sur les agriculteurs non propriétaires, qui, formant presque à eux seuls la classe des *accensis*, avaient reçu le nom d'*adscriptitii, tributarii, censibus adscripti*, à cause de leur inscription sur les tables du cens. Dans l'origine, chaque homme était compté pour une tête et deux femmes formaient une tête imposable. Mais, par la suite, la législation s'adoucit un peu ; il fallait deux ou trois hommes et quatre femmes pour former une tête (1). Le propriétaire était responsable du paiement de cet impôt; il était tenu directement envers le fisc, sauf son recours contre ses colons. Comme la capitation alla toujours en croissant, à mesure que les désastres publics et les dilapidations administratives appauvrissaient le trésor, toute la rigueur de cet impôt retombait en définitive sur la

(1) Valent. — L. 10, C. *de agricolis*.

classe la plus laborieuse et la plus utile pour l'agriculture. Ce fut une des causes les plus réelles de la décadence de la population agricole et de cet abandon désolant et inouï de la propriété. Dans quelques provinces, le gouvernement fut touché de la détresse des laboureurs; on le voit exempter de la capitation les colons de Thrace, d'Illyrie et de l'église de Thessalonique (1).

Mais, du moins, les colons peuvent-ils acquérir ou aliéner ? Acquérir, oui ; ils sont capables de posséder ; ils jouissent personnellement de ce qu'ils acquièrent ; leur pécule augmente leur aisance et les aide à supporter le fardeau de l'impôt; ils le transmettent à leurs enfants. Mais ils ne peuvent aliéner sans le consentement du maître et, sous ce rapport, on peut dire qu'ils n'ont rien en propre et qu'ils acquièrent pour leur patron.

Il y a cependant une classe de colons privilégiés qui peuvent disposer librement de leurs biens ; ce sont les individus libres devenus colons par la prescription de trente ans et ceux qui sont nés du mariage d'un colon avec une femme libre. Mais, comme le remarque Cujas, ce droit de propriété demeure vain dans la pratique.

Maintenant, si l'on résume toutes ces restrictions apportées à la liberté des colons, peut-on s'étonner de voir Justinien hésiter pour trouver la différence qui les sépare des esclaves. Peut-on s'étonner d'entendre les lois leur conseiller de ne pas vanter leur liberté, eux qui sont attachés à la terre, et les mettre

(1) L. 1, C. de col. THRAC.

en opposition avec les hommes libres, comme formant une classe à part.

Cependant, d'autres lois les séparent de la catégorie des esclaves et les appellent libres et même ingénus ; ils peuvent contracter de véritables mariages. La vérité est qu'ils sont dans une condition intermédiaire et mixte ; ils sont pleinement libres à l'égard des tiers ; ils sont, quant à leurs personnes, plus près de la liberté que de l'esclavage. Mais, dans leurs rapports avec le sol, ils sont esclaves ; ils sont liés à lui par une chaîne indissoluble, et quand ils le quittent frauduleusement, une inévitable nécessité les ramène à la glèbe.

Le cri douloureux jeté par Salvien sur la situation misérable des colons, nous fait connaître l'une des causes par lesquelles se recrutait la classe des colons : C'était la triste et funeste convention par laquelle un homme libre, s'excluant de sa propre condition, se soumettait volontairement à cet état d'infériorité, aimant mieux être le colon du riche que d'avoir à supporter les misères, plus grandes encore, attachées à l'état de petit propriétaire indépendant et toutes les charges extraordinaires qui accablaient le citoyen.

Le colonat s'établissait aussi par la prescription ; quand un homme libre avait vécu pendant 30 ans comme colon, le propriétaire acquérait sur lui et sur sa race les droits du colonat.

Enfin, on était colon par naissance.

Tels sont les traits les plus saillants de l'état civil et politique des colons. Quelle a été l'origine, quel a été le noyau de cette classe devenue si importante dans l'Histoire du Bas-Empire? Ce problème a exercé la plume d'un de nos plus savants historiens. M. Guizot. Cet écrivain en trouve la solution dans l'organisation de la famille gauloise avant la conquête et dans l'existence des classes dont les chefs nous apparaissent dans César, entourés d'une population qui vivait sur leurs domaines avec le droit héréditaire de les cultiver, moyennant une redevance et les suivant à la guerre ; les chefs du clan furent exterminés par les Romains ; les conquérants se mirent à leur place. Mais la population agricole resta dans son état ; elle forma cette classe de colons gallo-romains dont l'administration romaine régularisa les rapports de dépendance et les droits.

Cette explication n'est pas concluante. Le colonat, en effet, ne fut pas une condition particulière à la Gaule (l) ; il existait avec de larges développements dans l'Italie, l'Illyrie, la Thrace, la Palestine. Or, l'organisation de la famille gauloise ne saurait donner le secret d'un fait aussi général, d'un fait qui se manifeste en Orient, comme en Occident, avec une constante uniformité.

Avant M. Guizot, d'autres solutions avaient été tentées ; Savigny les a examinées ; toutes ont jeté son esprit scrupuleux dans des hésitations tellement graves qu'il est à peu près impossible d'arriver à une conclusion satisfaisante.

Il y a une explication qui captive fortement l'esprit : c'est celle qui voit dans les colons des hommes sortis de l'esclavage pour rentrer dans les premières

(1) L. 13 et 14 C., *de agricolis.*

voies de la liberté civile. Le nom de patron, que conserve leur maître, indique cette source comme très probable.

Tels sont les principaux éléments de cette institution. Examinons rapidement ses rapports et ses antinomies avec l'emphytéose.

Comme l'emphytéote, le colon transmet à ses héritiers la jouissance du fonds sur lequel il est attaché. Le caractère de perpétuité, qui se trouve dans l'emphytéose, se rencontre aussi dans cette dernière. La loi protège le colon contre l'arbitraire du maître, s'abandonnant aux rigueurs de l'expulsion ou d'une surélévation de la redevance annuelle.

Périodicité dans la redevance et perpétuité dans la tenure, voilà deux caractères principaux du colonat et de l'emphytéose.

Mais ces deux systèmes d'exploitation du sol présentent d'énormes différences.

A. — L'emphytéose est généralement le privilège d'une classe de condition moyenne, absolument indépendante. Le colonat s'adresse aux gens pauvres, se mettant au service d'autrui pour avoir le pain et le gîte assurés.

B. — Le colonat frappe ses adhérents d'une déchéance considérable; l'homme est désormais ravalé à l'état de quasi-esclave. L'emphytéote, au contraire, conserve tout son prestige et sa supériorité d'homme libre. Les obligations ne portent aucune atteinte à son indépendance.

C. — Une chaîne indissoluble attache le colon à la terre qu'il cultive; c'est en quelque sorte un immeuble par destination dont la transmission s'effec-

tue avec l'aliénation du sol. L'emphytéote n'est
pas soumis à ces exigences, il peut quitter le fonds,
quand il lui plaît. « Cette différence serait capitale,
ajoute M. Laboulàye, à une époque où l'emphytéote
pouvait se soustraire à ses obligations par le déguerpissement, mais au Bas-Empire, elle diminue beaucoup de son importance, puisque une pareille faculté
ne lui était pas reconnue et le titre au Code : *de
omni agro deserto*, nous montre tous les obstacles
qui sont mis à sa délivrance. Au Bas-Empire, d'ailleurs, la liberté n'est nulle part ; l'esprit de la législation du temps est de river chacun à son état :
le colon à la terre qu'il occupait, l'ouvrier à la cor-
poration, le *curiale* à l'administration de la cité et
jusqu'à la danseuse au théâtre. »

D. — Le colon n'assume que la responsabilité de
cultiver, l'emphytéote doit consacrer ses efforts à
l'amélioration qui est son principal objectif.

E. — Le colonat ne confère pas au cultivateur un
droit réel immobilier susceptible d'être grevé de
servitudes et d'hypothèques.

DROIT FRANÇAIS

PREMIÈRE PARTIE

CHAPITRE PREMIER

L'Emphytéose dans l'ancien Droit.

Nous avons suivi l'emphytéose dans son berceau, dans ses progrès et ses phases diverses. Son histoire nous a conduit un peu au-delà de la chute de l'empire romain dans les provinces de l'Occident. Voyons maintenant quel rôle a joué ce contrat pendant les siècles qui séparent la chute de l'Empire d'Occident de la grande Révolution Française.

1° La période barbare et franque du Ve au Xe siècle.

2° Les périodes féodale et monarchique du Xe au XVIIIe siècle.

La nature de l'emphytéote présente, durant ces deux périodes, un caractère très difficile à déterminer, en raison de la pénurie des textes. Pas de commentaires, à peine quelques indications très rares et très peu précises. Aussi, est-ce avec une extrême réserve que nos formulerons notre théorie sur le contrat emphytéotique. Avant même d'aborder le champ de cette étude, qui se perd dans la nuit du temps, devrons-nous, au préalable, nous poser la question de savoir si l'emphytéose n'a pas sombré dans les troubles qui ont agité la Gaule du Vᵉ au Xᵉ siècle. Nous continuerons nos investigations, en faisant un tableau sommaire des diverses tenures, qui paraissent avoir supplanté l'emphytéose, en essayant d'y découvrir des caractères de ce contrat ou sinon des vestiges frappants.

SECTION PREMIÈRE

L'emphytéose proprement dite a-t-elle été connue dans les Gaules depuis l'anéantissement de l'empire d'Occident jusqu'à l'évènement de la féodalité ?

Il est très probable que l'emphytéose fut connue dans les Gaules, mais seulement à l'état de contrat administratif (ecclésiastique ou civil), c'est-à-dire telle qu'elle avait été règlementée par le code Théodosien. Il faut, en effet, considérer que, lorsque Zénon et Justinien rendirent les Constitutions qui organisaient l'emphytéose proprement dite, l'invasion des Barbares avait déjà rompu le lien des deux Empires d'Orient et d'Occident. C'est, en effet, le code théodosien qui a conservé le souvenir du droit romain dans la Gaule. Lorsqu'il fut publié à Rome dans l'assemblée du Sénat en 438, les Wisigoths avaient déjà occupé de gré ou de force le pays compris entre les Pyrénées, le Rhône et la Loire ; les Bourguignons disputaient aux Romains les hautes vallées du Rhin où devaient les suivre les *Alemanni;* ils régnaient dans la Savoie ; ils étaient sur le point d'envahir la *Maxima Sequanorum* et les contrées adjacentes ; les Francs occupaient la *Belgica,* depuis l'an 430 environ. L'Armorique avait déjà secoué le joug impérial. La domination romaine était donc restreinte à la rive gauche du Rhône et au centre de la Gaule. Elle s'y maintint jusqu'à la bataille de Soissons. Mais l'autorité du nom romain demeurait si grande et le respect des lois de la Ville-Eternelle était si profond que les Barbares les gardèrent dans les pays de leur obéissance. Leur rétablissement dans l'Armorique, après l'insurrection des *Bagaudes*, est attesté par Rutilius. Une assemblée solennelle d'évêques et de dignitaires en adopta l'usage pour les pays Wisigoths en 488. A partir du milieu du V⁰ siècle, la *lex romana* de la Gaule n'est autre que la loi théodosienne.

Sans doute, Justinien s'empressa de publier ses compilations législatives en Italie, pendant le court espace de temps où il régna dans ce pays, après la chute de l'empire des Ostrogoths et avant l'établissement de la domination des Lombards. Aussi, peut-on voir la trace vivante du droit byzantin dans les curieux diplômes de Marini et de Muratori. Mais, pour la Gaule franque, malgré les bons rapports qu'elle entretint avec l'empire d'Orient, il ne parait pas qu'elle ait connu alors d'autres textes du droit

9

romain que ceux du Code théodosien. L'emphytéose gauloise fut donc tout d'abord l'emphytéose théodosienne, c'est-à-dire un système de location perpétuelle des terres du prince, de l'Etat, des communes et des églises.

Notre solution est confirmée par ce phénomène que les lois, les formules barbares et les *Capitulaires*, qui consacrent quelques passages à la théorie de l'emphytéose, font toujours allusion à des biens ecclésiastiques. « De même, ajoute M. Tocilesco, le petit traité de droit romain usuel, qui a pour titre : *Petri exceptiones legum romanarum* (1), ne fait mention de l'emphytéose qu'en traitant des biens ecclésiastiques. Il ne la rappelle plus en parlant des conventions usitées entre les particuliers. De plus, ce texte, quoiqu'il se rapporte à l'emphytéose byzantine, selon la conjecture très plausible et généralement adoptée de Savigny, n'est pas antérieur à la seconde moitié du XIe siècle, époque à laquelle le droit de Justinien avait déjà pénétré en France. Il ne prouve donc rien pour le droit qui nous occupe actuellement.

« Il serait faux d'argumenter de l'existence de l'emphytéose byzantine en Italie, pour l'étendre à la Gaule. Les compilations de Justinien ne franchirent pas les limites de la Haute-Italie ; elles ne pénétrèrent en France que bien plus tard, à l'époque de la rénovation des études du droit romain, alors

---

(1) C'est le plus ancien texte qui fasse mention de l'emphytéose en France depuis la chute de l'Empire romain.

que les idées féodales avaient depuis longtemps prévalu. (1) »

SECTION II

Du libellarius contractus.

La conquête de la Gaule fut certainement accompagnée de beaucoup d'infortunes et de grands abus de force ; mais, dans ses résultats généraux, elle fut le principe de beaucoup de progrès. Sous le point de vue de la propriété, elle opéra le premier fractionnement de ces *latifundia* qui, sous le gouvernement des empereurs, étaient devenus d'impénétrables solitudes. Autant les Romains aimaient les délices des villes, autant les Germains aimaient le séjour des campagnes, et ce fut là particulièrement qu'ils s'établirent, quand la Gaule leur appartint. Les chefs de famille occupaient de vastes domaines, sur lesquels ils amenèrent leurs *lites* et leurs esclaves. Les maisons rurales se multiplièrent et les campagnes jouèrent un plus grand rôle dans l'organisation sociale. On voit apparaître, dès lors, des localités qui puisent leur origine dans les noms des propriétaires germains qui s'en mirent en possession.

Mais, au milieu de ces crises diverses, comment les terres sont-elles exploitées ?

Nous trouvons d'abord un genre de contrat appelé *libellarius contractus,* dont une des *Novelles*, publiées par l'empereur Léon-le-Philosophe, nous en

(1) M. Tocilesco, thèse.

donne l'économie. Nos anciens interprètes du droit
romain ont voulu établir une étroite parenté entre
le *libellarius contractus* et l'emphytéose. Mais la
nature juridique de cette nouvelle location est trop
indéterminée pour préciser avec exactitude les
points de contact qui relient ces deux tenures.

Cujas enseignait que le libellarius contractus
était une vente particulière, transférant la propriété
temporairement et astreignant *l'accipiens* à l'obligation de payer un prix fixe et une redevance annuelle. A l'échéance des termes, *l'accipens* avait la
faculté de renouveler son titre de propriété temporaire éteint, sous la condition de solder le prix de
renouvellement stipulé par la convention ou fixé
par le juge, dans le cas contraire. L'empereur Léon
fixa ce prix dans le silence des conventions au double du canon annuel.

Ces deux contrats, loin de s'identifier, se diffé-
rencient par leur nature juridique. L'un transmet à
l'accipiens la propriété de la chose, l'autre un simple *jus in re aliena*. Le *libellarius* est temporaire,
l'emphytéose généralement perpétuelle. La faculté
de renouvellement du *libellarius* était complètement étrangère à la concession emphytéotique.
Voilà des caractères énergiques de dissemblance
entre ces deux contrats.

De ces graves différences, la conséquence naturelle qui en découle est que le mode de jouissance
devait varier. On conçoit facilement que *l'accipiens*,
dans l'hypothèse du *libellarius contractus*, ayant le
titre de propriétaire, devait avoir des prérogatives
plus importantes que l'emphytéote, et notamment la

faculté de sous-aliéner sans être soumis à la pénible obligation de payer le *laudemium*.

Des différences d'un ordre moins élevé séparent encore ces deux contrats : le *libellarius contractus* implique nécessairement une *scriptura*. La coutume était, en effet, pour la conclusion du contrat, d'adresser à celui qui disposait du fonds une *petitio*, un *memoriale* qu'on appelait *libellus* et qui contenait la proposition avec les conditions du contrat. A la suite du *libellus* était transcrite la concession, dont la formule était consacrée par la pratique. En matière d'emphytéose, cette *scriptura* n'était pas exigée.

Ces deux contrats sont donc séparés par des différences profondes. Si toutefois on voulait établir quelque corrélation, on pourrait dire que la propriété n'était transférée d'une manière définitive ni dans le *libellarius contractus* ni dans l'emphytéose. Ceci, ajoute Pépin le Halleur, pouvait bien faire supposer que le premier contrat ne fut dans le principe qu'une variété du second ; on pourrait peut-être en trouver la preuve dans ce fait que le *libellarius contractus* s'appliquait aux biens ecclésiastiques et qu'il ne fut imaginé que pour éluder l'inaliénabilité des biens de l'Eglise (1).

C'est en raison de cette analogie et de la rubrique de la *Novelle* de Léon : *de perpetuis emphyteusibus* que certains interprètes du droit ont voulu voir une parfaite corrélation entre le contrat d'emphy-

(1) Pépin le Halleur. — P. 175.

téose et le *libellarius contractus*, séparés seulement
par quelques règles de détail.

SECTION III

De la precaria.

Dans les concessions de l'Eglise, nous trouvons en
usage une autre concession appelée *précaire*, dont
l'origine est romaine. Elle intervient dans différentes hypothèses ; tantôt c'est un donateur qui cède
son fonds à l'Eglise en pleine propriété pour en
recevoir immédiatement la possession précaire ; il
en retient formellement la jouissance, ou, après
l'abandon, adresse une prière pour obtenir, à titre
d'usufruit, la terre dont il s'est dessaisi : c'est alors
que s'échangent deux chartes, appelées l'une *precaria*, l'autre *præstaria*. Tantôt, c'est l'Eglise qui,
moyennant un cens annuel, fait, sur son propre patrimoine, une concession en précaire spontanée ou
imposée par un prince ou un voisin puissant, Enfin,
parfois, les deux procédés sont combinés et celui qui
a donné une terre reçoit non seulement l'usufruit
de ce qu'il a donné, mais celui d'un bien propre de
l'Eglise. Généralement, un cens est stipulé, mais on
peut conjecturer, d'après les circonstances annuelles
dans lesquelles nous voyons intervenir la *precaria*,
qu'il était modique et ne représentait pas le revenu.
En principe, la *precaria* était essentiellement temporaire, la charte se renouvelait tous les cinq ans. Le
preneur a un droit analogue à celui de l'usufruitier,
mais avec une certaine faculté d'améliorer. Il peut

encourir la commise, plus tard remplacée par une amende, et n'aliène pas sans le consentement de l'Eglise ; mais il n'a pas à craindre la révocation arbitraire, comme l'ancien précariste romain.

La *precaria* passa du droit ecclésiastique dans la pratique civile ; elle y présentait à peu près les mêmes caractères ; les conditions du contrat varient ; il y a des précaires temporaires, viagères, transmissibles en ligne directe, en ligne collatérale. Le preneur ne semble pas assujetti à des services personnels comme le possesseur des *manses ingenuile, lidile* ou *servile* ; il peut invoquer la protection des lois et non pas seulement la coutume du domaine. On peut croire que lorsque la *precaria* avait pour origine la remise d'une terre au seigneur, des mains duquel on la reprenait, moyennant un cens, le droit du preneur devait être plus assuré et plus durable ; lorsque le bailleur concédait directement son propre domaine, il pouvait imposer un cens plus élevé et accorder moins de garanties.

Quelques jurisconsultes ont établi une confusion entre la *precaria* et l'emphytéose, à laquelle ils l'assimilaient. Ce genre de tenure cacherait sous un nom différent le contrat d'emphytéose. Mais cette identité de situation juridique est exagérée, car des différences profondes y font obstacle.

La redevance était un des caractères essentiels de l'emphytéose ; la redevance était, au contraire, naturellement exigible en matière de *precaria*, mais une convention contraire pouvait la supprimer. La seule exception apportée à cette règle existait dans le cas où les biens de l'Eglise étaient concédés en précaire par une libéralité spontanée. La redevance ici était toujours exigible, car l'Eglise n'avait pas la liberté d'aliéner à titre gratuit.

La *precaria* était toujours temporaire; l'emphytéose, au contraire, était de sa nature généralement perpétuelle.

La constitution de la *precaria* nécessitait toujours un écrit, un *instrumentum,* renouvelé tous les cinq ans pour remédier à toute usurpation. Cette dernière formalité n'était pas requise en matière d'emphytéose.

La *precaria,* sauf la faculté d'amélioration, conférait les mêmes droits que l'usufruit. Nous avons déjà établi que les pouvoirs de l'emphytéote étaient beaucoup plus larges que ceux d'un usufruitier.

Le précariste, qui manquait à ses engagements de payer le canon annuel, voyait son droit résolu à l'exemple de l'emphytéote; mais, dans la suite, une simple amende, ordinairement le double du cens primitif, avait été substituée à ce cas de résolution.

Le *precaria* et le *libellarius contractus* sont des institutions d'origine romaine. Examinons maintenant quelques institutions, dont l'origine se trouve dans les mœurs et le droit germanique.

SECTION IV

De l'hospitalitas.

La première institution que nous rencontrons est *l'hospitalitas,* pratiquée par les Goths, les Burgundes et les Lombards, et qui consistait dans l'attribution faite à chaque barbare d'un certain cantonnement, dans l'intérieur duquel chaque propriétaire lui devait le tiers de son revenu. Plus tard, suivant M. Garsonnet, on aboutit au partage. Pépin le Halleur et Lefort voient dans *l'hospitalitas* : « l'application la plus étendue qui ait jamais eu lieu du régime emphytéotique. »

C'est prendre, nous semble-t-il, le mot emphytéose dans un sens singulièrement large que de l'étendre à cette situation où le Romain voit installé auprès de lui un barbare qu'il n'a pas choisi et auquel il doit compte d'une partie de la récolte. En tout cas, nous sommes loin d'une idée libre de mise en culture pour en tirer un revenu.

SECTION V

Manses ingénuiles, lidiles, serviles.

Comme il était arrivé à Rome, la propriété tendit à se concentrer; les grands propriétaires, anciens chefs germains, concédèrent alors des terres à leurs compagnons et à tous ceux qui, à des titres différents, vivaient dans l'étendue de leurs domaines : la concession était généralement faite à titre héréditaire, sauf à prévenir, grâce à des conditions spéciales, un morcellement indéfini de la terre par les successions; il n'y avait pas de règles précises ; on semble s'être toujours référé à la jurisprudence du seigneur. Ces concessions portent des noms différents ; *manses ingenuiles, lidiles* et *serviles,* qui sont distinguées par l'étendue de la terre et les charges imposées. Sans doute, la condition d'origine des tenanciers devait mettre aussi une différence dans leurs situations ; mais ce qui semble général ici, c'est la modicité de la rédevance et l'obligation à des services personnels : labour de terres seigneurales, corvées, charrois, services domestiques même ; de plus, les tenanciers relèvent de la justice patrimoniale du *senior*.

SECTION VI

Des Bénéfices.

A mesure qu'on s'éloigne de la conquête de la Gaule par les Francs, le nombre des alleux va diminuant, et, à côté d'eux, vient se placer une nouvelle espèce de biens, ce sont les *bénéfices,* c'est-à-dire les biens concédés, de manière que la propriété se dédouble en quelque sorte, et tandis que l'un conserve le titre de propriétaire, la pleine jouissance à titre temporaire, ordinairement viagère, est attribuée à l'autre.

Quelle est l'origine de ces bénéfices ? Le système historique le plus répandu et le plus généralement adopté en France, par les historiens, est celui qui considère que les bénéfices tirent leur origine des présents que les chefs germains faisaient à leurs compagnons, avec cette différence qu'au lieu de donner des armes et des chevaux, jadis leur seul butin, ils leur donnèrent des terres, lorsqu'ils en eurent

conquises. Ce changement, dans l'objet des présents,
en amena nécessairement un autre dans le titre
auquel ils étaient faits. On conçoit que des chevaux,
que des armes, fussent donnés en pleine propriété.
Mais il ne dut pas en être de même pour les terres,
la jouissance pouvant être détachée de la propriété,
et cela, avec d'autant plus de raison, que les services
dont les terres formaient la récompense étaient
temporaires ou viagers, et que, d'autre part, c'était
un moyen de maintenir les compagnons dans le
devoir à l'égard de leur chef. Ce système a pour lui
une autorité très grande, le livre des fiefs, *consuetudines feudorum*.

Un autre système fait remonter les bénéfices francs
aux bénéfices militaires des Romains. Mais ces sortes de bénéfices romains, qui n'étaient nullement
des concessions viagères, mais héréditaires et avec
charge de service militaire, n'ont que le nom de
commun avec les bénéfices francs. Aussi, l'opinion
qui les fait naître les uns des autres est-elle généralement abandonnée.

Le premier système a été réfuté par M. Ginoulhac :
« Les bénéfices, dit-il, ne viennent pas des anciens
présents, parce que les présents que nous voyons
accorder sous la période mérovingienne par les rois
à leurs leudes ou fidèles étaient faits en pleine propriété et non pas seulement en jouissance, et man-
quent dès lors du caractère essentiel des bénéfices
qui sont toujours temporaires ou viagers. »

Il est presque certain que les véritables bénéfices
datent du VIIIᵉ siècle, c'est-à-dire de Charles-Martel ou de ses fils. Or, en faisant des concessions à

ses soldats des terres dont il avait dépouillé les églises, Charles-Martel leur conserva le titre auquel elles étaient faites par l'Eglise elle-même à ses membres. Les biens ecclésiastiques étaient, en effet, inaliénables et les peines canoniques les plus sévères frappaient ceux qui envahissaient les biens ou en acquéraient une partie. Il n'était permis de les concéder ou de les posséder qu'à titre de bénéfice, de telle sorte que la propriété restait à l'Eglise et que la jouissance lui en revenait de plein droit à la mort du concessionnaire. Ce qu'avaient fait d'abord pour les biens de l'Eglise Charles-Martel et Carloman, leurs successeurs ou eux-mêmes le firent pour leurs propres biens, pour les biens du fisc royal ou impérial, et au lieu de les donner en propriété, ils ne les donnèrent plus ordinairement qu'en bénéfices.

Le droit et les obligations du bénéficiaire ne sont pas moins difficiles à préciser en présence de la diversité, présentée à cette époque, par les titres de concession. En principe, le bénéficier n'a sur la terre qu'une possession largement étendue, subordonnée à l'existence du lien personnel tracé par la recommandation. *Beneficium* signifie simplement, d'après Marculf, l'avantage attaché à la possession d'un immeuble et les textes mettent sans cesse en opposition le bénéfice et la pleine propriété. Mais on n'est pas d'accord sur l'étendue elle-même de ce droit de possession et l'on discute encore sur le caractère précaire, temporaire ou héréditaire du bénéfice franc.

Il est hors de doute que le bénéficier n'avait à l'origine qu'un droit purement temporaire; mais les concessionnaires obtinrent bientôt la faculté de transmettre leur possession au même titre à leurs descendants ou à leurs autres héritiers.

Ce qui n'était d'abord que l'exception devint la règle, tous les vassaux du roi ayant soin de réclamer une faveur dans les moments critiques que l'on traversait alors, et pendant lesquels leur assistance était si nécessaire.

De ce lien assez étroit que créait la *recommandation* ou le *vasselage*, découlaient pour le vassal et le seigneur des devoirs respectifs. Le vassal devait à son seigneur, pendant toute sa vie, fidélité; il devait même le suivre, l'assister en cas de besoin et ne pouvait lui refuser ses services ou le quitter que dans les cas prévus par les lois.

De cette analyse, il ressort que, malgré quelques ressemblances avec l'emphytéose, des différences capitales séparent ces deux tenures.

Nous trouvons, dans les deux cas, un démembrement de la propriété, la déchéance encourue par chaque tenancier, par suite des détériorations du fonds et l'inexécution des obligations stipulées dans le contrat originaire, la faculté pour le seigneur d'astreindre le bénéficier à améliorer le fonds concédé. Malgré ces similitudes en apparences étroites, des dissemblances très marquées séparent ces deux tenures. Le canon, qui est de l'essence de l'emphytéose, fait entièrement défaut en matière de bénéfices. La redevance du bénéficier se traduit dans les obligations purement personnelles résultant du devoir de fidélité qui entraînent la résolution du droit si le vassal manque à sa foi jurée. L'emphytéose est généralement perpétuelle, le bénéfice est temporaire, du moins à ses débuts.

CHAPITRE II

L'emphytéose depuis l'avènement de la féodalité
jusqu'à la Révolution Française.

———

Du dixième au onzième siècle, une grande révolution avait été consommée. L'établissement de la
féodalité, qui fractionna, en une multitude de sou-
verainetés locales, la grande et impuissante souveraineté des descendants de Charlemagne, était un
fait accompli. « Les légistes des siècles suivants,
dit M. Troplong, ont fait entendre des cris de fureur contre le morcellement du pouvoir royal ; c'est
qu'ils n'ont pas compris le sens de ce mouvement
salutaire, qui sauva la France d'une ruine complète
et vint donner à ce corps défaillant un nouveau
souffle de vie. Les première et deuxième races
n'avaient joué qu'un drame ridicule et sanglant en
parodiant cette centralisation majestueuse par laquelle Rome avait gouverné le monde. Les popula-
tions grossières, ignorantes, matérialisées dans leur
étroit horizon, n'avaient rien compris à cette folle
prétention à laquelle manquaient à la fois et les besoins contemporains, et les sympathies publiques et
l'habileté des princes !... L'instrument se brisa donc
entre leurs mains. Les formes trop savantes et trop

compliquées du génie romain échouèrent devant la brutalité féodale et le pouvoir royal s'éclipsa totalement dans les hautes régions où il se tenait enfermé ! Alors éclata la plus effroyable anarchie dont l'histoire fasse mention (1). »

Mais quand la féodalité devint un fait positif et intangible, une heureuse réaction commença à s'opérer. Chaque fief devint un centre d'activité et d'énergie. Le seigneur s'appliquait à trouver dans le nombre et l'aisance de ses sujets, la force dont il avait besoin pour rester à la hauteur de son rang, pour n'être pas inférieur à ses voisins. Dès le dixième siècle, les affranchissements se multiplièrent, les chefs obtenaient la liberté sous la condition que chaque manse du village payerait une certaine somme d'argent et rendrait certains devoirs en nature ; des concessions de terre furent faites à l'envi aux hommes du fief. On voit sans cesse revenir les baux à cens, les baux à rente, les baux à complant, les champarts, les emphytéoses. Le seigneur se dépouillait de ses terres improductives, et, faisant appel à l'industrie de ces hommes, devenus libres, il leur livrait ses terres, à eux et leurs familles, pour les cultiver, moyennant une redevance en argent ou en fruits ; alors les solitudes se peuplèrent, les terres en friche se couvrirent de moissons ; des villages entiers s'élevèrent au pied du château ou du monastère, groupant leurs humbles manoirs autour d'une église rustique.

(1) TROPLONG. — *Louage.*

L'emphytéose romaine a beaucoup influencé la théorie des contrats d'origine féodale ; ces derniers contrats ont à leur tour influencé la théorie de l'emphytéose. Le lien est trop étroit entre ces différentes institutions pour les passer sous silence. Mais comme le nombre de ces contrats est trop étendu, nous nous bornerons au commentaire des principaux.

SECTION PREMIÈRE

Du Fief.

Dumoulin donne du fief la définition suivante : C'est une concession gratuite, spontanée et perpétuelle d'un immeuble ou d'un objet réputé tel, avec translation du domaine utile et rétention du domaine direct, sous la condition de fidélité et de prestation de service *(sub fidelitate et exhibitione servitiorum)*.

Le mot fief *(feodum)*, qui viendrait des deux mots *fe*, *ode* et signifierait *possession de la solde (stipendie possessio)*, d'autres disent du mot latin *fides*, remonte à une époque assez reculée jusqu'au neuvième siècle ; au dixième, en 930, dans le testament du comte Adémar et, en 961, dans celui de Raymond 1er, comte de Toulouse, on trouve employés les mots *fevum*, *fevale*, *feum* ; mais le mot *feodum* ne fut pas dès lors exclusivement employé, et même, au douzième siècle, on se servait encore alternativement des mots fiefs ou bénéfices, pour désigner la même con-

10

cession. C'est ce qui résulte d'une charte de 1162, dans laquelle l'empereur Frédéric 1er fait don en fief, à son neveu Raymond, du Comté de Forcalquier. On y lit : *damus in feudum*, et plus loin : *hoc ideo de Forocalqueri comite fecimus, ad curiam nostram venire et beneficium suum de manu nostro recipere.* C'est ce qu'on lit aussi dans une charte de 1118, et en remontant plus haut, dans la Constitution de Charles le Gros (antérieure à 888), où ces mots sont indifféremment employés l'un pour l'autre. D'où l'on peut tirer avec Brussel cette conclusion que les fiefs n'étaient autre chose que les bénéfices devenus héréditaires.

L'hommage avait lieu entre le vassal et le seigneur, avec les mêmes formes particulières et solennelles que celles en usage pour les bénéfices.

L'hommage soumet le vassal à trois obligations principales vis-à-vis de son seigneur: à la *fiance* (*fiducie*), à la *justice*, au service de *l'ost* (*adversus hostem*), c'est-à-dire à assister son seigneur dans ses conseils, à la juridiction du ressort de justice et au service militaire dans les expéditions de son seigneur. Mais outre les services féodaux de plaid et de guerre, le vassal doit à son seigneur assistance lorsqu'il est dans le besoin.

Le seigneur doit en retour protection à son vassal, car le contrat de fief ou inféodation est un contrat synallagmatique.

Le fief est le bien noble par excellence, qui n'oblige le vassal à aucune redevance périodique envers le seigneur, et c'est là ce qui le distingue surtout des biens tenus en vilenage, censives ou autres.

Les obligations du vassal consistaient seulement dans les services personnels dus au seigneur.

Le vassal avait sur le fief les droits d'un propriétaire ; il pouvait l'aliéner, le grever de servitudes, l'exploiter selon ses facultés et ses besoins, le transmettre héréditairement. La mutation du vassal, par suite de décès, donnait lieu au paiement d'une certaine somme exigée par le seigneur pour la nouvelle investiture. Toutefois, les héritiers descendants en étaient dispensés, les héritiers en ligne collatérale y étaient seuls soumis.

Lorsque la mutation du vassal avait lieu pour toute autre cause que son décès, notamment par suite d'aliénation à titre onéreux par suite de vente, on comprend que les mêmes motifs qui avaient donné lieu au droit de relief ou rachat, durent faire introduire en faveur des seigneurs des droits analogues. Toutefois, il y eut des différences importantes entre les deux sortes de droits. Le droit d'aliénation n'était pas compris dans la concession, comme celui de transmission aux héritiers ; ce n'était pas seulement à raison de l'investiture que l'on payait des droits au seigneur, mais à raison du consentement qu'il donnait à l'aliénation ; aussi suffisait-il qu'il y eût vente ou acte équipollent à vente pour qu'il y eût lieu au paiement des droits, tandis que, dans le cas de mutation, il fallait qu'il y eût substitution d'un vassal à un autre ou changement de main.

Le paiement de ces droits suppose bien la nécessité du consentement du seigneur en principe, puisqu'on est censé l'acheter, mais lorsque les seigneurs en eurent fixé le prix, il ne purent plus le refuser, si le prix leur était payé.

Le seigneur qui devait consentir à l'aliénation du fief et investir le nouveau vassal, pouvait, au lieu de recevoir les droits qui lui étaient dus, retenir pour lui-même le fief, en payant le prix au vendeur; c'est là ce qu'on appelle le droit de retrait seigneurial.

Le seigneur, en dehors de la garantie que lui offre contre l'inexécution des obligations du vassal, l'action personnelle, la saisie civile et la saisie féodale, se voit attribuer, dans deux hypothèses déterminées, la félonie et le désaveu, une des prérogatives les plus importantes de l'emphytéose, la commise.

Cette courte analyse du contrat de fief montre les liens qui le rattachent à l'emphytéose ; mais il se sépare de ce dernier contrat par des différences profondes.

L'emphytéose n'a pas une origine noble comme celle du fief; elle ne consiste qu'en droits utiles et ne donne lieu qu'au *laudemium*, tandis que le fief a son essence dans des droits honorifiques.

L'emphytéose ne crée pour le preneur aucun devoir personnel, alors que, nonobstant toute transformation de l'inféodation, le vassal n'en est pas moins rendu, en sa personne, sujet de celui qui a la directe de laquelle le fief relève. Bien plus, l'emphytéose est un véritable contrat à titre onéreux, à la différence du fief auquel l'idée de bienfait est inhérente. Le retrait féodal diffère nettement du retrait emphytéotique, parce qu'il n'est encouru qu'après la vente parfaite et consommée et que l'autre doit nécessairement s'exercer avant et dès que l'emphytéote se dispose à aliéner.

SECTION II

Du bail à cens.

Les baux à cens furent un des contrats les plus fréquents parmi ceux auxquels la féodalité donna naissance et qui soutinrent sa longue domination.

C'était une convention par laquelle le maître d'un héritage noble en transportait le domaine utile au preneur, qui le tenait désormais à titre de propriétaire roturier, mais sous la réserve du domaine direct et féodal, et d'une modique rente annuelle appelée cens, et destinée à témoigner de la supériorité du seigneur. Ce contrat n'était pas sorti d'une imitation du droit romain; les mœurs féodales l'avaient produit spontanément, et quoiqu'il eût beaucoup de rapports avec l'emphytéose, il en différait cependant par des points essentiels. L'emphytéose avait pour fin spécifique d'améliorer des terres incultes, d'augmenter la richesse agricole du fonds. Le bail à cens était plutôt destiné à procurer au seigneur des hommes et des sujets. L'emphytéose féodale ne transmettait au preneur qu'un quasi-domaine et le bailleur retenait non seulement la directe, mais encore une partie du domaine utile. Au contraire, le bail à cens faisait passer sur la tête du preneur tout le domaine utile; il ne restait au concédant que les droits honorifiques de la propriété et la directe seigneuriale portion de la puissance publique.

L'emphytéose tombait en commise par défaut de paiement du cens ; les censives étaient exemptes de cette peine. Enfin, l'emphytéote ne pouvait aliéner *irrequieto domino*. Au contraire, le vassal avait le droit de disposer de la chose accensée, sauf le paiement des *lods et ventes*.

SECTION III

Du bail à rente foncière.

Pothier définit le bail à rente foncière un contrat par lequel « l'une des parties baille et cède à l'autre, un héritage ou quelque droit immobilier et s'oblige à le faire avoir à l'acheteur à titre de propriétaire, sous la réserve qu'il fait d'un droit de rente annuelle, d'une certaine somme d'argent ou d'une certaine quantité de fruits qu'il retient sur cet immeuble et que l'acquéreur s'oblige à lui payer tant qu'il possédera le dit immeuble. (1). »

Ainsi, le droit réservé par le bailleur n'est pas une directe, mais un droit à une redevance, grevant le fonds, et parfois même l'expectative de recouvrer la propriété à l'expiration du temps fixé si le bail n'est pas perpétuel.

L'immeuble était le principal débiteur de la rente, le détenteur n'en était personnellement tenu qu'à raison de sa détention et seulement pour les arré-

---

(1) POTHIER. — *Du contrat de bail à rente*, n° 1.

rages échus pendant sa jouissance. Le preneur à rente foncière devenait véritable propriétaire de la chose, sous la réserve cependant de la rente que l'on considérait comme un droit de co-propriété dans l'héritage. Cette nuance entre l'emphytéose et la rente foncière n'avait pas toujours été aperçue par nos anciens écrivains. Hervé et Argou, qui étaient des jurisconsultes de mérite, ont soutenu que l'emphytéose n'était pas autre chose qu'un bail à rente perpétuelle.

La vérité est que le bail à rente foncière transférait et le domaine utile et le domaine direct, au lieu que l'emphytéose, même perpétuelle, ne communiquait qu'un quasi domaine.

SECTION IV

Du bail à locatairie perpétuelle. Du bail à complant. Du bail à domaine congéable.

« Le *bail à locatairie perpétuelle*, disait Boutaric, diffère du contrat emphytéotique en ce que pour donner un fonds à titre d'emphytéose, il faut en avoir la propriété pleine, c'est-à-dire le posséder allodialement et indépendamment de toute seigneurie directe, au lieu que pour le bailler à titre de locatairie perpétuelle, il suffit d'avoir la dominicité utile. On ne regarde point ce contrat comme translatif de propriété... ce n'est proprement qu'un *cizaillement* de la dominicité en deux parties, dont l'une demeure à titre de propriété à celui qui donne le fonds, et l'autre passe à titre d'usufruit sur la tête du locataire. »

D'après cette manière de considérer la locatairie perpétuelle, le bailleur conservait la propriété et la possession appelée civile par les auteurs, à peu près comme le nu-propriétaire reste maître de la chose et la possède par l'intermédiaire de l'usufruitier. Le preneur n'avait que la possession pour autrui et dans les limites de l'usufruitier, qui, par exemple, ne peut couper les bois de haute futaie.

Ainsi, tandis que le bailleur se dépouillait par l'emphytéose d'un quasi-domaine, il ne se dépouillait, par la locatairie perpétuelle, que de la possession utile. Telle était la jurisprudeuce suivie au Parlement de Toulouse sur ce contrat, particulier aux provinces méridionales. Cette tenure avait été probablement imaginée pour l'utilité de ceux qui voulaient appliquer aux propriétés non allodiales certains avantages réservés à la propriété privilégiée.

Mais l'esprit peut se prêter difficilement à cette fiction d'une possession précaire qui est destinée à durer perpétuellment : « Un usufruit perpétuel, disait Tronchet, est une idée sauvage et peu conciliable avec les idées communes. Il en est de même de l'idée que ce contrat est un *cizaillement* de la propriété en deux parties, lequel réserve à l'un la propriété et à l'autre une possession perpétuelle. Cette idée ne signifie rien ou ne signifie autre chose que ce genre de propriété fictive que l'on suppose également réservée au bailleur dans le bail à rente ordinaire » (1).

(1) Rapport de Tronchet au Comité des droits féodaux.

C'est probablement pour cela que le Parlement de Provence avait adopté, sur la nature de bail à locatairie perpétuelle, d'autres idées que le Parlement de Toulouse ; il envisageait le contrat comme un vrai bail à rente.

Le *bail à complant,* pratiqué dans le Midi de la France, dans le Poitou, le Maine et le pays d'Aunis, se rattache aux plus anciennes coutumes de la France et avait pour objet de favoriser et d'étendre la culture de la vigne. On en voit de fréquents exemples dans des Chartes du Poitou, du Dauphiné, du Limousin, du Nivernais, des IXe et Xe siècles. Les églises surtout et les monastères, qui voulaient s'assurer leurs provisions de vins, sans être tributaires des lieux vinicoles, multipliaient ces sortes de concessions, et les moines s'imaginaient boire les délicieux vins de Falerne, dont la réputation s'était conservée jusqu'au milieu des rigueurs du cloître.

Une des clauses les plus usuelles dans ces temps reculés était de stipuler qu'au bout de 5 ou 7 ans, la moitié du terrain complanté rentrerait dans les mains du bailleur, et que l'autre preneur conserverait l'autre moitié, tantôt franche, libre et en toute propriété, tantôt moyennant certaines redevances déterminées par l'usage des lieux. Ce contrat fort ancien, car les titres se fondent sur les coutumes des Gaules (*secundum galliarum morem*), introduisit ou développa la culture des vignes dans un grand nombre de provinces ; il se perpétua jusqu'aux temps les plus modernes avec diverses modifications. On le trouve mentionné dans les Coutumes d'Anjou, du Maine, de Saintonge, de la Rochelle, du Poitou ; c'était toujours un contrat par lequel on donnait un terrain à complanter en vigne et à exploiter, moyennant une certaine redevance appelée *complanterie*. Lorsque la concession était perpétuelle, le bail à complant n'était autre chose, dans son dernier état, qu'un bail à rente, car il transformait la propriété.

Sans s'attacher à la clause d'amélioration prédominante dans ce contrat, ce bail présentait, en outre, une certaine analogie avec l'emphytéose, car il conférait au bailleur un droit de retrait presque identique à celui du *dominus* emphytéote, et s'exerçant, à l'occasion de l'aliénation ou de l'hypothèque consentie par le premier, sur la moitié qui lui avait été laissée; mais là s'arrêtait cette similitude.

Il y avait et il existe encore en Bretagne une tenure fort célèbre sous le nom de *domaine congéable*, C'est un contrat par lequel le propriétaire sépare le fonds de la superficie et aliène celle-ci, sous la faculté perpétuelle de rachat, au profit du preneur, qui s'oblige à lui payer une redevance annuelle. Ce genre de bail, particulier à la Bretagne, peut y avoir été introduit par suite des longs voyages et des émigrations de ses marins. Le propriétaire, qui s'absentait pour un temps indéterminé, devait avoir à cœur de s'épargner les embarras de l'administration et de se dispenser des réparations des bâtiments, tout en s'assurant, pendant son absence, un revenu raisonnable. Or, ce but était atteint par le bail à domaine congéable, combinaison ingénieuse et qui atteste l'originalité du peuple qui en est l'inventeur.

Il y a trois choses dans ce contrat : 1° rétention du fonds par le propriétaire, 2° vente et translation de la superficie au preneur, moyennant un canon annuel appelé rente convenancière ; 3° faculté per_pétuelle et imprescriptible du propriétaire foncier de congédier le colon en lui remboursant la valeur de la superficie.

Le preneur peut aliéner son droit ; il peut aussi l'hypothéquer ; mais les hypothèques et les aliénations qu'il concède sont subordonnées à la règle : *resoluto jure dantis, resolvitur jus accipientis.*

SECTION V

Théorie de l'emphytéose proprement dite.

Lorsque la féodalité se fut définitivement constituée sur les ruines du monde romain, lorsqu'elle eut engendré les institutions qui lui furent propres et qui témoignent de sa puissance, l'emphytéose devait être, suivant les propres expressions d'un de nos plus grands jurisconsultes modernes, « la bienvenue » (1). Ce contrat s'harmonisait avec les idées sociales et économiques de l'époque. La hiérarchie des personnes, née d'une nécessité des temps, qui découlait de la hiérarchie des terres, était un fait assis sur des bases solides. « Nulle terre sans seigneur », voilà la règle générale, l'organisation nouvelle qui rattachait les personnes et les biens à un noyau commun. En présence de ce phénomène économi-

(1) DEMOLOMBE.

que, il fallait découvrir un système d'exploitation des terres qui s'identifiât avec les mœurs féodales. Il fallait un régime facilitant l'accès de la propriété, tout en permettant à l'aliénateur de retenir sur cette chose quelques prérogatives de la propriété, en signe de sa suprématie et de la subordination étroite des détenteurs. L'emphytéose, avec la théorie du domaine utile qu'on y reconnaissait, répondait trop bien à ces besoins pour qu'on la répudiât. Mais nous verrons que ce contrat, malgré les influences nombreuses qu'il a subies, conserva sa nature propre et n'impliqua jamais un lien de subordination de la part de l'emphytéote. C'était une exception notable dans ces temps où la hiérarchie régnait partout.

L'emphytéose s'implanta sur le sol féodal et son extension devint si puissante que son nom, sinon sa nature intrinsèque, se trouve partout. Voilà pourquoi, malgré les multiplications du bail emphytéotique, il faut bien se garder de vouloir la découvrir dans toutes les tenures qui portent son nom. La langue du Moyen-Age appelait, en effet, du nom d'emphytéose toutes les concessions quelconques dans lesquelles elle apercevait la réserve de la directe moyennant des redevances annuelles. On en trouve une preuve dans un fragment d'un vieil écrivain cité par Ducange : *Contractus iste* (l'emphytéose) *secundum diversas terrarum consuetudines, diversis nominibus nuncupatur. Dicetur enim emphyteusis, precaria libellus, census, fictum.* La confusion avec la *precaria*, le *libellus*, le bail à cens, le fief, devint si puissante, que Dumoulin même a pu dire qu'on ne connaissait plus en France de véritables emphytéoses : *De quo ex solo verbo emphyteuseos non continuo liquet, propter naturam ejus fere exoletam.* Aussi, la doctrine constante de ce jurisconsulte est-elle que le mot emphytéose est insuffisant, pour attribuer à la tenure à laquelle il s'applique, les véritables caractères et les effets de ce contrat. Sous cette appellation, se cachent, en effet, d'autres modes fonciers, dont la dénomination s'est éclipsée, tout en conservant les privilèges de leur nature intime. Et plus tard, un autre feudiste, Fonmaur (1), disait encore : « Quoique nous ayons adopté le mot d'emphytéose, le vrai est pourtant qu'il n'y a pas de véritable emphytéose chez nous, mais seulement des baux à cens. »

Cette opinion est très grave, car si elle était vraie, elle marquerait la disparition du bail emphytéotique ou du moins une transformation si complète, que ce contrat aurait perdu sa nature intime, pour se métamorphoser en une institution féodale et seigneuriale. Nous avouerons que la féodalité a imprimé à cette institution le cachet particulier qui consiste à transporter au détenteur emphytéote le domaine utile et laisser le domaine direct au bailleur. C'est, comme nous avons essayé de l'établir, la conséquence fatale du régime social et économique de l'époque. Mais cette concession faite à Dumoulin et autres feudistes, nous devons ajouter que l'emphytéose conserva sa nature intime ; la directe conservée par le bailleur n'a rien de seigneurial. Merlin

(1) *Traité des lods et ventes.*

a démontré qu'à cette directe du bailleur n'est atta-
chée aucune espèce de puissance ; c'est une directe
de pur droit privé, la seule qu'aurait pu concevoir
le droit romain réfractaire au système féodal avec sa
suprême hiérarchie territoriale et seigneurale. Dans
le bail à cens, avec lequel on a voulu confondre
l'emphytéose, on voit le détenteur vivre dans un
lien de dépendance et de subordination.

Examinons brièvement les motifs de cette dernière confusion. Deux causes distinctes, relatives,
l'une à l'existence d'une emphytéose seigneuriale,
l'autre aux tendances usurpatrices des possesseurs
d'alleux roturiers, expliquent ce phénomène.

En premier lieu, comme tout propriétaire d'un
fonds noble avait la liberté de concéder son bien à
autrui en se réservant la directe emphytéotique ou
la directe seigneuriale, et comme cette dernière
renfermait, avec des droits plus étendus, les prérogatives de la précédente, on confondit toujours, avec
le cens proprement dit, signe du vasselage, les redevances que payaient les propriétés, et l'on finit
par regarder comme aveu de la directe seigneuriale,
toutes les prestations assises sur un fonds quelconque. En second lieu, tous les possesseurs de franc
alleu, ambitieux de s'attribuer les privilèges de la
noblesse et surtout désireux d'affranchir leurs biens
des lourdes charges qui pesaient sur eux, essayè-
rent de transformer l'emphytéose en un contrat seigneurial, de faire des fiefs de leurs rotures. Dans
cette intention, ils réclamèrent, dans les actes de
concession de leurs terres, certaines prérogatives
dont la noblesse avait le monopole, et eurent une

tendance à assimiler l'emphytéose au bail à cens dont étaient seuls susceptibles les biens nobles.

Ces considérations expliquent la confusion établie par nos anciens auteurs entre les différentes tenures et l'emphytéose. Il n'en est pas moins vrai que l'emphytéose a subi des altérations nombreuses, mais ces influences n'ont pas dénaturé ce contrat au point de lui enlever son individualité. L'emphytéose romaine, avec ses caractères propres, ne pouvait pas disparaître, car l'Eglise en avait fait son contrat de prédilection, en respectant les conditions d'exercice auxquelles sa nature la soumettait (1). Cet argument a une haute importance, si on se rappelle le lien étroit qui a toujours existé entre le droit civil et le droit canonique : Trois Chartes de l'époque, empruntées au Cartulaire de Saint-Hugon et une série de documents relatifs au prieuré de Chamonix (2), nous révèlent l'emphytéose avec les principes du droit romain. Les deux premières nous parlent de deux baux emphytéotiques faits à la Chartreuse de Saint-Hugon au XIVe siècle. Ces chartes ne font allusion ni au bail à cens ni aux droits seigneuriaux. On se contente de relater le domaine direct de la communauté sur les biens emphytéotiques ; mais ce domaine direct ne constitue pas une directe seigneuriale. La dernière charte du XIVe siècle, également tirée des archives de l'église de Sallanchés, traite d'une emphytéose entre simples particuliers.

_____

(1) L'Eglise a usé largement du contrat d'emphytéose, car elle éludait ainsi la prohibition d'aliéner ses biens.

(2) Haute-Savoie.

Le bailleur se réserve le domaine direct avec le droit de commise et de retour dans le cas où l'emphytéote viendrait à mourir sans héritiers. Ce sont là deux prérogatives importantes appartenant en droit romain au *dominus* d'un bien emphytéotique. Cette commise, qui est étrangère au bail à cens comme au bail à rente, est une preuve de l'existence de l'emphytéose avec ses caractères propres.

Mais il n'en est pas moins vrai que d'importantes modifications furent apportées à l'emphytéose romaine; ainsi, l'emphytéote romain qui laissait écouler trois années sans acquitter la redevance, la loi 2 au Code *de jure emph.* le déclarait déchu de plein droit. En France, il était universellement reconnu que les dispositions de la loi romaine avaient été profondément modifiées et tempérées sur ce point. Le preneur emphytéote avait toujours pouvoir de purger la mise en demeure; il le pouvait alors même que les clauses les plus expresses du contrat eussent semblé le lui interdire. Toutes les renonciations de l'emphytéote étaient considérées comme de style et la clause résolutoire était réduite à de purs effets comminatoires. Le juge seul pouvait déclarer la déchéance. Après la citation en paiement, il fixait un délai pour acquitter les canons arriérés, et à défaut de ce faire, il prononçait la commise. Elle n'était encourue qu'autant que le preneur avait laissé écouler sans paiement le délai imposé par la sentence.

Nous avons établi que l'emphytéote encourait la déchéance dans le cas d'aliénation sans information préalable du propriétaire. Duvergier croit, au con-

traire, que cette condition n'avait plus d'existence
dans notre ancienne jurisprudence et il cite Des-
peisses, Dumoulin, Argou Carondas, etc. Et, en effet,
Dumoulin parle en ces termes : « *Ut enim feuda
vassallis ita censualia censuariis sunt patrimonialia ;
dominis irrequietis libere alienabilia in toto regno ;
idem etiam de vera emphyteusi, ex consuetudine
generali.* »

Quant aux mines et aux carrières non ouvertes,
l'ancienne jurisprudence, même celle qui était la
plus favorable à l'emphytéote, ne l'investissait pas
du droit de les fouiller. Voët conciliait cette opinion
en disant que l'emphytéote ne prenait la chose qu'à
la condition de l'améliorer ou tout au moins de ne
pas le rendre en plus mauvais état, et que c'eût été
appauvrir le fonds que d'en extraire les produits
dont il s'agit.

Mais, plus favorisé que l'emphytéote romain, l'emphytéote féodal pouvait-il réclamer le trésor ? Les
auteurs sont divisés : Voët soutient l'affirmative et
la jurisprudence tendait elle-même à reconnaître ce
droit à l'emphytéote. Mais, plusieurs jurisconsultes
ont repoussé cette opinion en déclarant que le droit
au trésor n'est conféré qu'au propriétaire du fonds ;
or, l'emphytéote n'avait nullement cette qualité.

L'obligation d'améliorer, qui incombait à l'emphytéote, a soulevé un problème délicat : on se de-
mandait si l'emphytéote qui avait de son plein gré fait
des dépenses pour augmenter les bâtiments, améliorer les terres, avait le droit d'en réclamer la valeur.

Dumoulin et Loyseau pensaient que lorsque l'emphytéose prenait fin par l'expiration du terme indi-

11

qué dans le contrat, l'emphytéote avait pleinement qualité pour retirer ses améliorations ou en réclamer la valeur; mais ils étaient d'avis que lorsque l'emphytéote subissait la déchéance de son droit pour une cause quelconque, il n'avait aucun droit aux améliorations. Coquille adoptait cette solution et la montrait comme généralement adoptée.

L'emphytéote féodal avait, en outre, le droit de déguerpir. Cette faculté, qui se lie intimement à la théorie du domaine utile et du domaine direct, exigeait certaines conditions ; quelquefois même, le *dominus* pouvait enlever ce droit au tenancier. Le déguerpissement, pour être valable, devait être demandé en justice et l'emphytéote ne pouvait délaisser qu'après le paiement de tous les arrérages et l'exécution des travaux d'amélioration exigés dans l'acte de concession.

Disons, en terminant ce commentaire de l'emphytéose féodale, que la condition essentielle pour pouvoir bailler à emphytéose, est d'être possesseur en franc alleu, soit noble, soit roturier, du fonds à concéder, ce qui correspond exactement à la qualité de *dominus* qu'exigeait le droit romain.

Cette emphytéose était-elle généralement perpétuelle comme en droit romain? Dumoulin pense que l'emphytéose proprement dite était temporaire. Mais cette opinion, quoique souvent répétée, n'a pas le moindre fondement historique et légal.

DEUXIÈME PARTIE

CHAPITRE PREMIER

De l'Emphytéose dans le Droit Intermédiaire.

Nous avons établi comment l'emphytéose, qui était à Rome une location exceptionnelle, avait acquis droit de cité dans l'exploitation des grands domaines féodaux. Entrée d'abord dans ce régime avec sa nature propre, ses caractères particuliers, son unité indivisible, nous l'avons vue se dépouiller progressivement de son originalité et se transformer sous les mœurs sociales de l'époque. A la veille de la Révolution, l'emphytéose avait subi une si considérable métamorphose, sous l'ingérence des idées déterminées dans notre chapitre précédent, qu'elle semblait disparaître dans ce rouage de la hiérarchie des terres avec lequel elle faisait corps. Aussi, la Révolution, qui a sapé dans ses bases l'ancien régime, dont la haine s'est manifestée surtout contre cette hiérarchie des personnes, depuis que les principes de liberté prêchés par Voltaire et Rousseau étaient éclos dans les cerveaux, devait envelopper dans une même réprobation toutes les redevances perpétuelles qui traduisaient l'assujettissement d'un domaine à un autre, ayant pour corollaire l'assujettissement des personnes.

L'action des nouveaux législateurs fut donc de détruire le régime féodal, dont la base, assise sur la sujétion des personnes, était trop en opposition avec les principes de liberté et d'égalité, fondements de la Constitution nouvelle. Aussi, le premier article de la Déclaration du 4 août 1789 porte-t-il : « L'Assemblée nationale détruit entièrement le régime féodal », abolition qui est rappelée depuis dans les Constitutions suivantes.

Mais le régime féodal était trop complexe, pour qu'on se contentât de faire table rase du passé ; il fallait appliquer cette abolition à chacune de ses parties, et l'application devait en être faite avec discernement, car si, dans le régime féodal, il y avait des institutions et des droits qui ne paraissaient être que le résultat de l'usurpation et des abus de pouvoir, il y en avait d'autres qui n'étaient que des conditions ou des charges mises à la transmission de la propriété de certains biens, et qui constituaient, par cela même, une véritable propriété, comme l'avait d'abord déclaré Louis XVI (1).

Les jurisconsultes qui composaient le comité féodal de l'assemblée nationale firent la distinction que leur commandaient leurs études, entre les droits susceptibles de suppression pure et simple et les

----

(1) Déclaration du 23 janvier 1789, art. 8 et 12.

droits utiles qui, assimilés complètement aux simples rentes et charges foncières, sont rachetables.

Etudions quels furent les effets de ces réformes nouvelles sur le contrat qui nous intéresse, c'est-à-dire l'emphytéose. La loi des 18-29 décembre 1790, qui s'occupe du rachat des rentes foncières, est le premier texte relatif à l'emphytéose. L'article 1 du titre I s'exprime en ces termes : « Toutes les rentes foncières perpétuelles, soit en nature, soit en argent, de quelque espèce qu'elles soient, quelle que soit leur origine, à quelques personnes qu'elles soient dues, seront rachetables... il est défendu à l'avenir de créer aucune redevance foncière non remboursable, sans préjudice des baux à rente ou emphytéose et non perpétuels qui seront exécutés pour toute leur durée et pourront être faits à l'avenir pour 99 ans et au-dessous, ainsi que les baux à vie, même sur plusieurs têtes, à la charge qu'elles n'excèderont pas le nombre de trois. »

Cette loi, après avoir soumis au rachat toutes les rentes foncières perpétuelles, soit en nature, soit en argent, avait défendu de créer à l'avenir aucune redevance foncière non remboursable. Il résulte expressément que les emphytéoses perpétuelles avec redevances non remboursables étaient condamnées; le preneur avait désormais plein pouvoir de se libérer de son obligation en rachetant son droit. Mais un problème se pose immédiatement, qui est de savoir quelle sanction sera appliquée à une emphytéose perpétuelle, qui, à l'avenir, viendrait à être constituée au mépris de cette loi. Comment l'interpréter ; devra-t-on la déclarer nulle ou simplement rachetable ? Cette question, portée devant la Cour de Colmar en 1821, fut résolue dans le sens de la nullité. Mais la Cour de Cassation cassa le 15 octobre 1824 cet arrêt. L'infraction à la défense de créer des emphytéoses perpétuelles ne devait pas être réprimée par la peine de la nullité. Sauf cette modification, apportée à la durée de l'emphytéose perpétuelle, les principes de l'ancien droit, décrétés en matière d'emphytéose perpétuelle, continuèrent à être appliqués.

Pépin le Halleur a soutenu cependant que les emphytéoses perpétuelles, après la loi des 18-29 décembre 1790, se confondirent avec les baux à rente foncière, c'est dire implicitement que les bailleurs furent dépouillés de leur domaine direct. Il nous semble que cette opinion est exagérée, car cette loi n'établit nullement cette assimilation entre les deux contrats. Ce démembrement de la propriété en domaine direct et en domaine utile ne fut pas, à notre avis, supprimé par la loi des 18-19 décembre 1790. La loi des 25-28 août 1792 elle-même, qui déclare la propriété libre de toutes charges, contrairement à la présomption établie en faveur des propriétaires féodaux, ne portait aucune atteinte à l'existence de ce domaine direct et domaine utile de l'emphytéose. Cette loi porte dans son préambule : « ... tous les effets produits par la maxime : nulle terre sans seigneur, par celle d'enclave ; par les statuts, coutumes et règles, soit générales, soit particulières, qui tiennent à la féodalité demeurent non avenus : Toute propriété foncière est réputée franche et libre de tous droits tant féodaux que censuels, si ceux qui les réclament ne prouvent le contraire dans la forme prescrite. »

« En effet, ces décrets, dit M. Tocilesco, ne font aucune mention de ce démembrement de la propriété, mais il a été sans doute supprimé par les lois du 9 messidor an III et du 6 brumaire an VII (1). » Nous allons voir dans un instant si cette assertion est fondée.

La loi des 18-29 décembre 1790 n'apporte aucun changement aux principes qui régissent l'emphythéose temporaire ; elle se contente de fixer le maximum de durée pour lequel les emphytéoses temporaires pourraient être constituées. Les règles de l'ancien droit, applicables en cette matière, conservent donc toute leur autorité, aucune abrogation expresse n'étant formulée. Rien ne peut nous laisser soupçonner la disparition de ce caractère éventuel de l'emphytéose antérieure à la Révolution, le domaine utile. Il est vrai que des jurisconsultes émérites (2) ont contesté cette solution et ont prétendu que cette loi avait transformé l'emphytéose temporaire en un simple louage. Mais cette opinion est contredite par les lois du 15 septembre 1791, de messidor an III et de brumaire an VII, qui déclarent l'emphytéose susceptible d'hypothèque. Il existe, en outre, un décret des 18-27 avril 1791, relatif au mode de vente des droits résultant pour l'état des emphytéoses temporaires, consenties, avant le 2 octobre 1789, par les corporations ecclésiastiques et les bénéficiers

(1) M. Tocilesco, thèse.

(2) Falx, Hennion. — *Rentes foncières*, p. 28.

dont les biens ont été, à cette époque, déclarés nationaux, qui qualifie de propriété *reversible* le droit du bailleur à emphytéose et suppose par là que le preneur reçoit pendant la vie du bailleur une sorte de domaine utile. Plusieurs auteurs, argumentant du texte de cette loi, soutiennent que sa disposition aurait effacé du droit français la distinction du domaine direct et du domaine utile, pour accorder un simple droit réel à l'emphytéote. Ce système nous paraît inadmissible, car il ne pourrait présenter une véritable importance qu'autant que ses défenseurs auraient établi la base de leur argumentation, à savoir que l'emphytéose temporaire n'emportait pas dans l'ancien droit le domaine utile.

Cette loi du 18-29 décembre 1790, qui ne forme que la première phase du droit emphytéotique pendant la période intermédiaire, est complétée par les lois des 9 messidor an III et 11 brumaire an VII, qui décrètent des principes nouveaux.

La loi du 9 messidor an III, art. 5, est ainsi conçue : « Sont seuls susceptibles d'hypothèque : 1º La propriété des biens territoriaux étant dans le commerce ou pouvant être aliénés, de leurs accessoires inhérents ou établis à perpétuelle demeure, ensemble des fruits non recueillis, des bois non coupés et des servitudes foncières ; 2º L'*usufruit* des mêmes biens, *résultant seulement des baux emphytéotiques*, lorsqu'il reste encore vingt-cinq années de jouissance. »

Cette loi apporte une innovation capitale dans la théorie de l'emphytéose temporaire ; le preneur qui avait le domaine utile, voit désormais ce droit s'é-

clipser pour se transformer en un droit réel de
jouissance. C'est l'abrogation expresse de la théorie
du domaine direct et domaine utile, qui est décrétée
et l'assimilation de l'emphythéose à l'usufruitier ;
l'hypothèque sur l'emphytéose ne sera permise
qu'autant qu'il restera à celle-ci vingt-cinq ans à
courir.

Enfin, la loi de brumaire an VII vient compléter
l'œuvre commencée par les lois de décembre 1790
et de messidor an III. Son article 6 est ainsi conçu :
« Sont seuls susceptibles d'hypothèque : 1° les biens
territoriaux transmissibles, ensemble leurs accessoires inhérents ; 2° L'usufruit ainsi que la jouissance à titre d'emphytéose des mêmes biens pour le
temps de leur durée. »

Cette loi progresse dans la voie des modifications ;
elle distingue nettement l'emphytéose de l'usufruit
et autorise l'hypothèque de ces deux tenures
pour le temps de leur durée. L'emphytéose est dé-
gagée de l'usufruit avec lequel la loi du 9 messidor
an III, l'avait confondue et sera désormais susceptible d'hypothèque, alors même que sa durée n'excèdera pas 25 ans. Mais l'article 6 rapproche toutefois
d'une façon très marquée ces deux derniers contrats
qu'elle oppose à la propriété. Ce phénomène dénote
bien chez le législateur l'intention de conserver à
l'emphytéose le caractère de simple droit réel que
lui a attribué la loi de messidor an III. Merlin n'a
pas adopté cette opinion, et soutient que la loi de
brumaire an VII reconnaît implicitement à l'emphytéote le domaine utile. Le bailleur aurait,
d'après cet estimable auteur, la faculté de grever hy-

pothécairement la rente emphytéotique qu'il appelle le domaine direct. Mais nous croyons que l'art. 6 de cette loi est trop explicite pour admettre une semblable déduction.

Cette loi de brumaire, dans son article 7, dispose que : « les rentes constituées, les rentes foncières et les autres prestations que la loi a déclarées rachetables ne pourront plus à l'avenir être frappées d'hypothèque. »

De cette disposition découle l'assimilation complète de l'emphytéose perpétuelle au bail à rente foncière : le bailleur ne conserve plus la moindre parcelle de propriété sur le fonds emphytéotique, son domaine direct a fait place à une créance privilégiée et hypothécaire sujette à inscription et purgée par le défaut d'inscription en temps utile. L'emphytéote, de son côté, voit son droit grandir, puisqu'il acquiert la pleine propriété du fonds. Comme le preneur à rente foncière, l'emphytéote perpétuel devenait propriétaire de la chose sans que la rente due au bailleur fut considérée comme un droit de co-propriété dans l'héritage.

En résumé, au moment où l'emphytéose a terminé son évolution, c'est-à-dire à la veille de la rédaction du code civil, trois faits restent définitivement acquis : 1° l'emphytéose seigneuriale a disparu ; 2° l'emphytéose perpétuelle, prohibée pour l'avenir, est mise au rang des rentes foncières rachetables ; 3° l'emphytéose temporaire est maintenue, mais elle est redevenue ce qu'elle était primitivement à Rome ; il n'y est plus question de domaine direct et de domaine utile et elle constitue seulement, comme jadis, un droit réel.

CHAPITRE II

Le Code a-t-il aboli l'Emphytéose?

———

Le Code civil est absolument muet sur le contrat d'emphytéose. En présence de ce silence législatif, le problème de l'existence ou de la non existence de l'emphytéose a été agité et résolu diversement par les éminents jurisconsultes de l'école moderne qui font autorité en matière d'interprétation des textes du droit civil. Pour résoudre ce problème, il faut distinguer l'emphytéose perpétuelle de l'emphytéose temporaire, car les principes directeurs de ces deux institutions sont très dissemblables.

Personne ne conteste plus aujourd'hui la suppression de l'emphytéose perpétuelle. La loi des 18-29 décembre 1790, déclarant ce contrat essentiellement rachetable, explique largement que cette institution n'a plus chez nous droit de cité depuis la Révolution. La loi du 11 brumaire an VII, en l'assimilant à la rente foncière, convertissait la redevance en un droit purement personnel et reconnaissait au preneur emphytéote un droit plein, identique à celui de tout propriétaire de biens immobiliers.

Toute emphytéose constituée à perpétuité tombe-
rait actuellement sous le coup de l'art. 530 du Code
civil, qui déclare toute rente perpétuelle essentiellement rachetable. Dire qu'une vente est rachetable,
c'est dire, en d'autres termes, qu'elle n'est pas perpétuelle. Le bailleur qui aurait stipulé une convention de ce genre, verrait son droit restreint à une
simple créance personnelle, purement mobilière.

Toute la controverse porte uniquement sur l'emphytéose temporaire. Le silence du Code, sur ce
contrat, implique-t-il son abrogation tacite? Les
jurisconsultes sont, ici, très divisés et les solutions
les plus contradictoires ont été fournies.

Avant d'examiner ce sujet, il convient d'en préciser la portée.

Il est hors de doute que les parties ont pleine
capacité d'insérer dans une convention toutes les
clauses et conditions qui sont propres au contrat
d'emphytéose temporaire. Le grand principe de la
liberté des conventions, proclamé par l'art. 1134,
suffit à valider de pareilles stipulations ; tout est
permis, pourvu qu'on ne déroge pas, par des conventions particulières, aux lois qui intéressent l'ordre public et les bonnes mœurs, ou à des règles prohibitives du Code (art. 6). La question ne
doit donc pas être posée en ces termes.

Il s'agit seulement de savoir si la convention de
faire un bail emphytéotique, sans déterminer les conséquences de cette stipulation par des clauses spéciales, aura pour conséquence la conclusion d'un
contrat d'emphytéose, *sui generis*, avec les caractères particuliers qui individualisent ce contrat. En

d'autres termes, cette convention conférera-t-elle
au preneur, un droit réel immobilier susceptible
d'hypothèque, transmissible par acte entre-vifs ou à
cause de mort et protégé par le bénéfice de l'action
possessoire.

Nous allons essayer de démontrer que l'emphytéose temporaire n'a pas été bannie de notre législation et qu'une pareille stipulation est parfaitement
licite, malgré les nombreux arguments invoqués par
les jurisconsultes dissidents.

La base de notre argumentation, pour prouver
l'existence de l'emphytéose temporaire, repose sur
la loi des 18-29 décembre 1790, qui n'est nullement
infirmée par l'art. 7 de la loi du 30 ventôse an XII,
invoquée par l'opinion adverse. Cet article est ainsi
conçu : « A compter du jour où ces lois sont exécu-
toires, les lois romaines, les ordonnances, les coutumes générales ou locales, les statuts, les règlements,
cessent d'avoir force de loi générale ou particulière
dans les matières qui font partie des dites lois, com-
posant le présent Code. »

Cet article, disent les adversaires de l'emphytéose,
abroge en termes exprès toutes les lois antérieures,
relatives aux matières dont il est traité dans le Code
civil. L'article 543, en décidant qu'on ne peut avoir
sur les biens qu'un droit de propriété, un simple
droit de jouissance ou seulement des services fonciers, limite les droits réels, et l'emphytéose, n'étant
pas comprise dans cette énumération, doit, en vertu
de l'article 7 de la loi du 30 ventôse au XII être
abrogée. Cette limitation, décrétée par l'art. 543, a
d'autant plus de force qu'elle est fortifiée par les

articles 526, 2118, 2204 C. c. L'article 526, énumérant les immeubles par l'objet auquel ils s'appliquent, c'est-à-dire les droits réels autres que la propriété, indique seulement les servitudes et l'usufruit ; l'art. 2218 déclare, comme seuls susceptibles d'hypothèque, les immeubles par destination ou par nature et l'usufruit de ces immeubles ; l'art. 2204 établit que l'expropriation ne peut être dirigée que contre les biens immeubles et leurs accessoires réputés immeubles, appartenant en propriété à son débiteur et sur l'usufruit de ces mêmes immeubles. L'abrogation de l'emphytéose est surtout rendue certaine par l'art. 2218, qui a été copié littéralement sur l'art. 6 de la loi de brumaire an VII, qui rendait susceptible d'hypothèque l'emphytéose temporaire ; le silence de l'art. 2218 vaut abrogation de cette institution.

Voilà les principaux arguments des partisans de la suppression de l'emphytéose par le Code civil. Nous pensons que cette argumentation n'est pas décisive. Nous citerons, à l'appui de notre solution, le texte de l'art. 544, qui dit que la propriété est le droit de jouir et de disposer des choses de la manière la plus absolue, pourvu qu'on n'en fasse pas un usage prohibé par les lois ou par les règlements. Définir aussi largement le droit de propriété, c'est permettre au propriétaire de grever son droit de toutes les charges qu'il jugera convenables ; la seule restriction à ses pouvoirs réside dans les lois et les règlements. Or, si nous parcourons ces dispositions légales, nous n'en trouvons aucune qui prohibe l'institution de l'emphytéose, c'est donc que le pro-

priétaire peut adopter ce contrat, si bon lui semble.
Si le Code civil avait voulu abolir l'emphytéose temporaire comme elle a prohibé les rentes foncières
perpétuelles, il l'aurait expressément décidé. Nous
dirons même que si l'art. 530 n'avait pas banni de la
législation les rentes foncières perpétuelles, les
principes généraux du droit commum en auraient
toléré l'établissement. « Si le Code civil, disait au
Conseil d'Etat, Bigot de Préaméneu, eût gardé le
silence sur les rentes foncières, on aurait pu les
croire autorisées en vertu de l'axiome que ce que la
loi ne défend pas est permis ; la section a donc
pensé qu'il serait utile de réduire en disposition
législative la décision du Conseil à ce sujet. » Le
silence du Code sur le contrat d'emphytéose implique donc plutôt son adoption que son abrogation ;
car, pourquoi supprimer une tenure aussi importante par voie de simple prétérition ?

Ne pourrions-nous pas ajouter que le Code civil
n'est pas aussi muet qu'on le prétend sur l'emphytéose. Que dit, en effet, l'article 543 : « On peut avoir
sur les biens ou un droit de propriété ou un simple
droit de jouissance ou seulement des services fonciers à prétendre » ; or, l'emphytéose n'est-elle pas
un droit de jouissance plus marqué et plus caracté-
risé encore que l'usufruit, puisqu'il ne s'éteint
pas par la mort du possesseur ? Il est vrai que l'art.
526 ne classe pas les emphytéoses parmi les immeubles ; mais cet article n'est nullement limitatif ; il
ne parle ni du droit d'usage ni du droit de superficie,
qui cependant sont très certainement immeubles par
l'objet auquel ils s'appliquent.

« Du reste, ajoute M. François, on peut opposer aux partisans du système contraire un dilemne auquel il nous paraît impossible de répondre. De deux choses l'une : en effet, ou l'emphytéose est comprise dans le mot jouissance de l'art. 543, C. C., ou elle n'y est pas comprise; si elle y est comprise, l'emphytéose est reçue par le Code civil ; si elle n'y est pas comprise, le Code ne s'en est pas occupé, et par suite, en vertu de l'art. 7 de la loi du 30 ventôse an XII, elle doit subsister, conformément aux lois de 1790, messidor an III et brumaire an VII, puisque cet article de la loi de ventôse n'a pas abrogé les lois antérieures, qu'autant qu'elles sont relatives aux matières formant l'objet du Code (1). »

L'interprétation de la loi du 30 ventôse an XII est trop délicate pour que les adversaires de l'emphytéose s'en puissent faire une arme utile. A quelle division ou subdivision du Code faut-il se reporter pour décider si une institution fait ou non partie des matières traitées ; doit-on avoir égard au livre, au titre, au chapitre ou à la section ?

On soutient qu'il suffit que le Code n'ait pas mentionné l'emphytéose en traitant des droits réels pour que son abrogation soit certaine.

Contrairement à cette opinion, nous déclarons à nouveau que le législateur de 1804, n'ayant pas prohibé expressément le contrat d'emphytéose, a entendu le conserver tel qu'il existait sous la période révolutionnaire. Le silence gardé par l'article 526 sur l'emphytéose, dans son énumération des droits

---

(1) M. FRANÇOIS. — Thèse.

réels, n'est pas un argument décisif, puisqu'il est généralement reconnu que cette énumération est incomplète.

Les articles 2204 et 2118, en ne mentionnant pas l'emphytéose comme bien susceptible d'hypothèque et d'expropriation, ne détruisent pas notre système, car le mot usufruit, qui figure dans ces articles, doit recevoir une acception plus large et être regardé comme synonyme de jouissance, expression qui englobe l'emphytéose. C'est ce qu'a très bien démontré Duranton. Cette interprétation est d'autant plus juridique que M. Bethmond, rapporteur au Conseil d'Etat du projet de loi, présenté en 1851 sur la forme hypothécaire, a dit, sur l'art. 2118, que les longues jouissances concédées par l'Etat pour l'établissement des chemins de fer, constituaient des droits emphytéotiques sur lesquels l'hypothèque pouvait s'asseoir.

On pourrait enfin expliquer historiquement le silence du législateur sur l'emphytéose. On était à une époque où les passions populaires étaient trop surexcitées contre le système de la féodalité pour oser parler d'une institution, qui, bien qu'étrangère par sa nature aux tenures féodales, avait subi les influences de cette société. On craignait d'éveiller des souvenirs douloureux, et c'est cette appréhension qui a inspiré au législateur son mutisme. L'éminent professeur Rossi, dans ses observations sur le droit civil français, considéré avec l'état économique de la société, a fait valoir cet argument : « Les auteurs du Code civil, craignant peut-être d'être accusés d'un retour à la féodalité, n'ont su ni proscrire, ni régler l'emphytéose temporaire. »

On a invoqué le but poursuivi par le législateur de 1804, qui a été de supprimer ce dédoublement de la propriété en domaine direct et domaine utile établi par la féodalité et d'en rendre l'organisation plus simple. Or, dit-on, si vous admettez que le Code civil n'a pas supprimé l'emphytéose temporaire, vous devez accepter ce contrat avec toutes les conséquences qui le caractérisent, et notamment le démembrement de la propriété. Cet argument n'a pas de valeur, puisqu'il méconnaît l'innovation de la loi du 11 brumaire an VII, qui a banni de notre législation ce dédoublement de la propriété en domaine direct et domaine utile, en substituant à l'emphytéose féodale l'emphytéose romaine.

On argumente d'un passage du discours préliminaire de Portalis, sur le projet du Code civil : « Nous avons pensé qu'on avait été trop loin, quand, sous prétexte d'effacer jusqu'aux moindres traces de la féodalité, on avait proscrit le bail emphytéotique et le bail à rente foncière, qui n'ont jamais été un contrat féodal, qui encourageaient les défrichements, qui engageaient les grands propriétaires à vendre les fonds, qu'ils ne pouvaient cultiver avec soin, et qui donnaient à des hommes laborieux, dont les bras faisaient toute la richesse, les moyens faciles de devenir propriétaires. Cependant, nous n'avons pu nous dissimuler les inconvénients qui seraient attachés à une législation toute particulière et très compliquée qu'ont toujours exigée ces sortes de contrats et nous avons laissé à la sagesse du gouvernement, la question de savoir s'il est convenable d'en provoquer le *rétablissement*. » Puisque, concluaient les adversaires de l'emphytéose, le Code civil n'a statué que sur les rentes foncières, en laissant dans l'ombre l'emphytéose, son silence sur cette dernière institution est une preuve de son rejet définitif.

« La première partie de ce passage, répond M. Tocilesco, est le meilleur plaidoyer qu'on puisse présenter en faveur de l'emphytéose. La dernière phrase parle du *rétablissement*, c'est donc que Portalis considérait l'emphytéose comme abolie par les lois antérieures ; le Code est muet, il n'a rien établi ; donc, l'emphytéose n'existe plus. Mais, Portalis ne s'est-il point trompé, quand il allègue que l'emphytéose a été supprimée par la législation intermédiaire ? Il nous semble, même, qu'il serait peut-être plus juste de penser que ce jurisconsulte, l'un des rédacteurs du Code, a voulu parler de l'emphytéose perpétuelle, plutôt que de mettre à sa charge l'oubli d'une des dispositions les plus remarquables de la loi des 18-29 décembre 1790, qui maintient formellement l'emphytéose temporaire. Le raisonnement que nous venons de citer, n'est donc d'aucune valeur. »

Tronchet, interpellé sur l'emphytéose au moment où le Conseil d'Etat s'occupait de l'art. 2118, fit la réponse suivante : « On n'employait, autrefois, l'emphytéose que pour éviter les droits seigneuriaux. Maintenant, elle n'aurait plus d'objet ; il est donc inutile d'en parler. » L'opinion de Tronchet n'est pas concluante, car elle traduit une erreur capitale sur les origines de l'emphytéose. Cette tenure n'est pas une création de la féodalité, et la rejeter comme on a rejeté le système féodal, c'est se montrer trop exclusif. D'ailleurs, la déclaration de Tronchet n'a que la valeur d'une opinion purement personnelle.

Notre conclusion, après l'exposé de cette controverse, est que l'emphytéose est une institution bien vivante, qui n'a pas été abrogée par la loi du 30 ventôse an XII.

Les adversaires de l'emphytéose ont ajouté à leurs arguments une dernière considération. L'inutilité, disent-ils, de cette institution en devait faire rejeter l'adoption, car le louage suffit à lui seul à régler tous les rapports qui peuvent exister entre les propriétaires et les cultivateurs.

De nombreux auteurs ont réfuté ardemment ce sophisme et montré que l'emphytéose avait conservé une réelle utilité. Duvergier s'exprime en ces termes : « La science économique n'a encore rien découvert de mieux combiné et de plus ingénieux. Le propriétaire de la terre, considérée comme capital, en confie l'exploitation à celui qui, par sa capacité industrielle et la possession de capitaux mobiliers, est en mesure de la faire valoir. La liberté d'emprunter sur le fonds, de l'aliéner même, est un attrait de plus et un moyen nouveau de rendre la spéculation profitable. La position du propriétaire est à peu près celle d'un associé commanditaire, et je crois que, dans l'intérêt de l'industrie agricole, tous les baux devraient tendre à ce but. On comprend que des améliorations importantes ne peuvent être faites par les fermiers, que lorsqu'ils sont assurés d'une longue jouissance ; il est évident que plus ils auront de liberté dans la disposition du capital, plus ils en tireront d'avantages pour eux et pour les bailleurs. Cette liberté n'est pas, d'ailleurs, incompatible avec les garanties que doivent chercher les propriétaires contre les fraudes ou contre les spéculations aventureuses auxquelles voudraient se livrer les fermiers. C'est donc à tort que M. Say blâme l'usage des baux emphytéotiques. Avec quelques perfectionnements, ils me paraissent devoir produire les meilleurs résultats. »

Ces quelques lignes montrent quel ardent apologiste Duvergier se fait du bail emphytéotique. C'est en termes quasi-dithyrambiques qu'il proclame ses bienfaits.

Troplong, sans partager l'enthousiasme de Duvergier, admet que l'emphytéose conserve de nos jours une certaine utilité. « Après tout, dit l'éminent jurisconsulte, je n'aperçois pas l'avantage qu'il y aurait à retrancher des relations civiles un contrat qui est favorable à l'agriculture et qui contribue à mettre en valeur des biens qui ne rapporteraient rien entre les mains du propriétaire. Un établissement public a des friches qu'il veut faire assoler, sans avoir actuellement le moyen de faire des avances. Un bail emphytéotique va lui procurer un colon industrieux et sa terre deviendra féconde. L'Etat, qui est propriétaire des rivières navigables et flottables, y laisse établir, moyennant des baux emphytéotiques ou à titre de droit de superficie, des moulins à eau, fixés sur piliers, qui lui procurent des redevances. En quoi donc ces sortes de contrats seraient-ils incompatibles avec les principes moder-

nes? Pourquoi vouloir entraver par des gênes inutiles la liberté des conventions? » (1)

Troplong a jugé plus sagement le rôle économique
de l'emphytéose. Nous adoptons la théorie de l'éminent jurisconsulte qui ne voit pas l'avantage qu'il
y aurait à supprimer l'emphytéose qui peut rendre
encore de réels services. Sans doute, cette tenure ne
répond pas à des besoins pressants de notre industrie agricole, en raison du morcellement excessif de
la propriété ; mais les circonstances sont encore
nombreuses où le bail emphytéotique révèle toute
son utilité. Grâce à son secours, le défrichement et la
mise en valeur des terres sont facilités et les grandes
améliorations agricoles rendues plus propices. Ce
contrat a rendu aux entrepreneurs de constructions
les plus grands services ; sur les bords de la mer,
les lais et les relais sont souvent un objet du bail
emphytéotique qui a largement contribué aussi au
travail de transformation des biens communaux. A
Paris, c'est au moyen de baux emphytéotiques que
la rue de Rivoli a été continuée en vertu de la loi
du 21 juin 1826.

Le bail à long terme ne pourrait suppléer aux besoins auxquels répond l'emphytéose. Les droits
qu'il confère au preneur sont trop précaires, pour
que l'industrie agricole s'en contente. L'emphytéose,
au contraire, dont le caractère est immobilier et
susceptible d'hypothèque, permet à l'emphytéote de
tirer partie des constructions et des améliorations
auxquelles il se livre.

(1) Troplong. — *Du louage*, t. I, d. 160.

Les réclamations constantes, présentées par les Cours d'appel et les Facultés de droit, pour rétablir dans nos Codes l'emphytéose, sont le meilleur plaidoyer en faveur de son utilité. Dans la grande enquête sur le régime hypothécaire, qui eut lieu en 1849, ces réclamations portèrent leur fruit, car cette dernière expression d'emphytéose obtint la faveur d'être accueillie dans le projet de réforme hypothécaire, qui, malgré son adoption en deuxième délibération, ne dut son échec qu'aux événements politiques de 1882. De même, le projet de loi sur le Code rural présenté au Sénat en 1876, consacrait le chapitre V au bail emphytéotique. Ce projet, dont nous parlerons bientôt, enfoui depuis lors dans la poussière des paperasses, a été exhumé en 1882 et adopté par le Sénat. Renvoyé devant la Chambre des députés, ce projet n'est venu en discussion que l'année dernière seulement et voté au mois de mars 1899. Son adoption définitive aura lieu à brève échéance.

Les Codes italien, belge, hollandais, qui ont adopté notre législation civile, ont comblé cette lacune de notre Code, en faisant une place au bail emphytéotique.

La validité du bail emphytéotique est reconnue par l'immense majorité des auteurs et par une jurisprudence constante (1). Quatre avis du Conseil d'Etat, en date des 11 juin 1806, 10 mars 1807, 7

---

(1) Cass. 26 juin 1822 (J. PALAIS, t. 17. p. 449. S. 22-1-362). Cass. 18 juillet 1832 (J. PALAIS, t. 24 p. 1293. D. 32-1, 296). DOUAI. — 15 décembre 1832 (J. PALAIS, t. 24, p. 1663. D. P. 40-1. 140. 81-1-13.

mars 1808 et 2 février 1809 présentent un intérêt considérable ; le décret du 30 mars 1809, relatif aux fabriques, une décision ministérielle du 16 septembre 1821, concernant les droits électoraux de l'emphytéote ; une ordonnance du 8 août 1821 sur l'administration municipale, le sénatus-consulte du 30 juin 1810, et la loi du 8 novembre 1814 sur la dotation de la Couronne, sont des monuments législatifs qui reconnaissent que cette tenure n'est pas incompatible avec les principes modernes et conserve toute sa force et sa vitalité dans la mise en valeur des terres en friche.

CHAPITRE III

Théorie de l'emphytéose sous le Code Civil

SECTION PREMIÈRE

Nature et traits distinctifs de l'emphytéose.

§ 1. — *Nature du droit emphytéotique.*

Avant d'énumérer les droits et obligations conférés par le bail emphytéotique temporaire, ses modes de constitution, de transmission et d'extinction, nous devons au préalable déterminer la nature juridique de ce contrat, sous notre législation.

La controverse n'existe plus sur la question de savoir si l'emphytéote a un droit réel ou personnel; ce problème n'est plus en suspens, car la majorité des auteurs et la jurisprudence reconnaissent que le concessionnaire emphytéote est armé d'un droit réel. La discussion porte uniquement sur la nature même de ce droit réel, l'emphytéose confère-t-elle au preneur le domaine utile, un droit de propriété temporaire ou bien un simple droit réel? La jurisprudence contemporaine a été successivement ballottée entre ces trois principes, qui ont donné naissance à trois systèmes, défendus par des interprètes du droit et des jurisconsultes de valeur.

A.— *Premier système.*— « L'emphytéose, dit la Cour de cassation, est un contrat qu'on ne doit confondre ni avec le contrat de louage, ni avec le contrat de vente ; il a sa nature et produit des effets qui lui sont propres. Ses effets sont de diviser la propriété du domaine donné à emphytéose en deux parties : l'une, formée du domaine direct, dont la rente que se retient le bailleur est représentative ; l'autre, appelée domaine utile, qui se compose de la jouissance des fruits qu'il produit (i)... »

« Attendu, dit un autre arrêt du 26 avril 1853, que l'effet de l'emphytéose, à la différence du bail ordinaire, est d'opérer pendant sa durée même la division de la propriété en deux parties... »

Il ressortirait nettement de la citation de ces deux arrêts de la Cour de cassation, rendus à des époques assez éloignées l'une de l'autre, que la théorie féodale de la division de la propriété en domaine direct et domaine utile a conservé tout son prestige, sous notre législation actuelle. Le preneur possèderait le domaine utile comme propriétaire, avec la faculté, pendant la durée du bail, d'en disposer par vente, donation, échange ou autrement, sous la seule charge des droits du bailleur ; il pourrait aussi exercer l'action *in rem* pour se faire maintenir en possession contre tous ceux qui le troubleraient et contre le bailleur lui-même.

(1) Arrêt du 26 juin 1822. S. 22-1-362.

L'évocation de cette théorie surannée surprend l'esprit, quand on se rappelle les travaux de la Révolution, pour ruiner les fondements de tout le système féodal. Nous avons vu que les lois du 9 messidor an III et du 11 brumaire an VII avaient banni de la législation de l'emphytéose cette division de la propriété en deux domaines distincts, pour ne conférer au preneur qu'un simple droit réel. On comprend mal, sous l'empire de notre législation sociale, les traces vivantes de cette division bipartite de la propriété dont le système s'harmonisait admirablement avec les mœurs sociales de la féodalité. Ce n'est pas seulement notre constitution politique qui rejette avec énergie ces conceptions juridiques, mais encore tous nos principes et l'esprit de notre législation civile.

Nous devons ajouter toutefois que des jurisconsultes éminents, tels que Merlin, Proudhon, Favard et Persil, ont défendu ce système avec une rare éloquence.

Merlin fortifie sa distinction par l'autorité des lois romaines et par la possibilité d'une propriété temporaire. Si l'emphytéote, dit-il, est armé de l'action en revendication et du droit d'hypothéquer son fonds, c'est qu'il est réellement propriétaire, car ces deux facultés sont les principaux attributs du droit de propriété. L'emphytéote, en outre, ne sera pas propriétaire exclusif, unique, car les textes du droit romain réservent au bailleur le titre de *dominus* ; le seul moyen de concilier ces dispositions, en apparence contradictoires, c'est d'attribuer le domaine utile au preneur et le domaine direct au bailleur emphytéote.

La même distinction, ajoute Merlin, doit subsister depuis la Révolution, puisque l'emphytéose temporaire confère au preneur les mêmes attributs de la propriété et au bailleur le titre de propriétaire. L'emphytéote acquiert, en quelque sorte, un droit de propriété temporaire, sans détruire le droit de propriété du bailleur. L'éminent avocat général fait remarquer, en outre, que cette aliénation temporaire de la propriété n'a rien de contraire au Code, dont le principe de la propriété temporaire semble consacré par les art. 2125 et 617. L'art. 2125 reconnaît, en effet, que la propriété peut être résoluble dans certains cas, ce qui fait présumer une durée temporaire, et l'art. 617, en donnant au propriétaire la faculté de transférer à temps l'usufruit de son héritage, c'est-à-dire une partie de la propriété, lui concède, par cela même, le droit d'aliéner cette propriété pour un temps limité, car ce qui est permis pour une partie de la propriété doit l'être pour la totalité.

Nous répondrons à Merlin que sa théorie de l'emphytéose, étayée sur les principes mêmes du droit romain, ne saurait être acceptée. Il n'est pas exact de dire que la faculté de revendiquer et d'hypothéquer, conférée au concessionnaire emphytéote, est un attribut réservé au propriétaire seulement. Il faudrait, pour que cette doctrine fût valable, que l'usufruitier qui a, lui aussi, le bénéfice de l'action en revendication et du droit d'hypothéquer, fut considéré comme un détenteur du domaine utile. Or, il n'en est rien. Nous ajouterons que cette division de la propriété en domaine direct et domaine utile est une conception féodale, à laquelle la simplicité du droit romain est restée étrangère. Les principes de notre Code résistent également à l'idée émise que l'emphytéose consisterait dans une aliénation temporaire de la propriété; les articles 2125 et 617, invoqués en faveur de cette théorie, ne sont nullement concluants ; notre Code n'admet pas cette propriété temporaire. « Les seules modifications, dit Treilhard, dans l'exposé des motifs, au titre de la distinction des biens, dont les propriétés sont susceptibles dans notre organisation politique et sociale sont celles-ci : ou l'un a une propriété pleine et entière qui renferme également le droit de jouir et de disposer du fonds ; ou enfin on n'a que des services fonciers à prétendre sur la propriété d'un tiers. »

B. — *Deuxième système.* — La Cour de cassation, après avoir abandonné la théorie de la division de la propriété en domaine utile et domaine direct, pour concilier les droits si étendus du preneur emphytéote avec le droit de propriété réservé au bailleur, se rallia au système qui veut que le bail emphytéotique opère l'aliénation à temps de la propriété de l'immeuble. « Attendu, dit la Cour de cassation (1), que dans l'état actuel de la législation et depuis la promulgation du Code civil, l'effet propre et particulier du bail emphytéotique est d'opérer la translation et l'aliénation à temps de la propriété de l'immeuble donné en emphytéose ; que le preneur possède comme propriétaire l'immeuble qui lui est transmis pour un temps déterminé ; qu'en cette qualité de propriétaire, il peut, pendant la durée du bail emphytéoti-

(1) D. P., 40, 2, 140.

que, disposer de cette propriété par vente, cession, échange, et même l'hypothéquer, le tout sauf l'exercice des droits du bailleur à l'expiration de l'emphytéose. »

La Cour de cassation inaugure un système contraire aux précédents historiques et à l'esprit de notre législation civile. On ne conçoit pas facilement cette attribution de la propriété temporaire à l'emphytéote, alors que le bailleur conserve aussi la propriété de la chose. Or, comment admettre l'hypothèse de deux personnes propriétaires d'un même immeuble pour le tout ? On s'explique très bien l'idée d'une co-propriété, de deux communistes ayant des droits égaux ; mais il ne peut y avoir indivision en matière d'emphytéose, car les rapports du bailleur et du preneur sont exclusifs de ce droit.

Aujourd'hui surtout et telle que l'emphytéose se présente dans notre législation, ce contrat ne peut transférer au preneur la propriété temporaire du fonds concédé, car le bail emphytéotique manque des deux caractères essentiels de la propriété, la perpétuité et la faculté d'abuser. Il résulte donc que la tenure emphytéotique n'est pas représentative de propriété.

Mais ne peut-on pas dire que l'emphytéose confère tout à la fois, une jouissance usufruitière à longues années et une co-propriété entre le bailleur et le preneur, comme l'a décidé la Cour de Paris, dans un arrêt de 1832? Nous répondrons que des différences capitales, entre l'emphytéose et l'usufruit, s'opposent à cette assimilation ; l'usufruitier n'est pas tenu d'améliorer la chose, l'emphytéote, au contraire, ne détient l'immeuble qu'à la condition de l'améliorer; l'usufruitier peut s'affranchir de l'obligation de réparer, en abandonnant son usufruit : supposer une telle faculté à l'emphytéote, ce serait mal interpréter son droit.

C. — *Troisième système*. — La Cour de cassation, se ralliant enfin au système préconisé par Cujas, reconnaît que l'emphytéote n'a que le *jus in re*, le *jus prœdii*, le *quasi domaine*. Telle est la doctrine de Cujas, et pour la confirmer, on peut ajouter que les Constitutions du Code de Justinien qui ont donné à l'emphytote son caractère définitif, sont si éloignées de considérer l'emphytéote comme ayant le *dominium*, qu'elles l'opposent perpétuellement au propriétaire, *rei domino*. « Considérant, dit un arrêt de 1845, qu'en droit, l'emphytéose se distingue du bail à ferme en ce qu'elle transmet au preneur un *jus in fundo*, un quasi-domaine, bien différent du droit dont le simple bail investit le fermier. » Il résulte de ce dernier arrêt que l'emphytéose ne confère au preneur qu'un droit réel, un *jus in fundo*, c'est-à-dire un simple démembrement du droit de propriété. C'est la réhabilitation de l'emphytéose romaine avec sa nature juridique et le rejet définitif de l'emphytéose féodale ou contemporaine avec ce caractère particulier de transmission de propriété temporaire au preneur.

Cette solution est la plus juridique et la plus conforme à l'esprit de notre législation.

§ 2. — *Traits distinctifs de l'emphytéose.*

Nous avons établi que Zénon avait résolu cette
vieille controverse, soulevée sur la question de
savoir si l'emphytéose devait être considérée comme
un bail ou une vente, en décidant que cette tenure
avait un caractère absolument indépendant des deux
précédents contrats, avec des effets particuliers.
Mais cette solution trop imparfaite, puisqu'elle laissait dans l'ombre les règles spéciales qui devaient
présider à la formation de ce contrat et les principes
applicables en matière d'interprétation, tout en
mettant fin à une discussion purement théorique, laissait encore ouvert le champ des disputes juridiques,
quand il s'agissait de combler les lacunes du contrat
résultant du silence des textes. Nous avons vu que
les règles de l'usufruit étaient d'un puissant secours
pour ce dernier contrat, et de nos jours encore, ce
sont elles qui suppléent en grande partie à son interprétation.

Nous devons nous demander à quels traits distinctifs, on devra s'attacher pour distinguer l'emphytéose, surtout du simple louage. On s'accorde
généralement à reconnaître comme caractères distinctifs de l'emphytéose : la longue durée de la jouissance, la modicité de la redevance, l'obligation,
pour l'emphytéote, d'améliorer et de mettre à sa charge tous les frais que nécessitent ces travaux d'amélioration.

Mais ces caractères n'ont rien de particulier au
contrat d'emphytéose. On trouve des baux ordinai-

res faits pour une longue durée. Ces locations à
long terme sont surtout fréquentes de nos jours dans
l'industrie commerciale, qui a besoin d'une assiette
fixe pour écouler des produits dont les frais de réclame et d'installation sont parfois considérables.
Les baux comme l'emphytéose, pouvant donc être
stipulés pour une durée maximum de 99 ans, la
jouissance à long terme ne peut être considérée
comme le caractère distinctif de l'emphytéose.

L'exiguïté de la redevance n'est pas non plus le
trait spécial à l'emphytéose. A Rome, sous les empereurs, les canons emphytéotiques consistaient en
redevances élevées, qui étaient une grande source
de revenus pour le trésor. Ce n'est qu'au Moyen-
Age que l'usage s'établit, par suite de l'altération
des monnaies, de ne stipuler que des redevances
modiques. Nous devons remarquer que, de nos jours,
l'emphytéose est généralement contractée en soumettant le preneur à une redevance modique. Mais
cette règle, pour être généralement suivie, n'en subit
pas moins des exceptions. L'emphytéose ne porte
pas toujours sur des terrains incultes, en friche,
sans valeur ; elle peut avoir pour objet des terres de
plein rapport dont la concession emphytéotique sera
faite par le propriétaire, sous la garantie de prestations élevées de la part du preneur. De même, le
bail qui, d'ordinaire, est stipulé sous la condition
d'une redevance moyenne, peut être concédé pour
un prix modique.

L'obligation d'améliorer un terrain stérile, qui a
donné naissance au contrat d'emphytéose, n'a pas
toujours été considérée comme le caractère distinc-

tif de l'emphytéose. Les jurisconsultes de l'école ancienne, comme Cujas, Dumoulin, sont d'accord pour établir qu'on peut donner à emphytéose des choses productives ; de même, l'obligation de supporter les dépenses nécessitées par les travaux d'amélioration, n'est pas de l'essence de ce contrat. La clause d'amélioration, avec les frais qu'elle nécessite, peuvent bien être stipulés dans un simple bail. L'art. 1134 du C. C. permet d'insérer dans une convention toutes sortes de stipulations, pourvu qu'elles ne soient pas contraires aux bonnes mœurs et à l'ordre public.

Quel sera donc le caractère distinctif du bail emphytéotique ? La Cour de cassation répond : « Le droit de disposer d'une manière presque absolue de l'immeuble concédé. » Cette disposition est trop absolue, car l'emphytéote n'a pas la faculté de disposer de l'immeuble, mais seulement de son droit d'emphytéose. Nous croyons plutôt que le trait caractéristique de l'emphytéose ne sera pas cette liberté de disposition laissée au preneur, mais plutôt la nature de son droit réel immobilier, de son quasi-domaine. C'est là surtout que se trouve la ligne de démarcation qui sépare l'emphytéose du bail ordinaire.

SECTION II

Droits et obligations de l'emphytéote.

§ 1. — *Droits de l'emphytéote.*

Puisque l'emphytéose a conservé, sous l'empire de la législation actuelle, les caractères qu'elle présen-

tait en droit romain, l'emphytéote aura les mêmes
droits que l'emphytéote romain, droits qui peuvent
se résumer à trois : le droit de jouissance, le droit
de disposition et l'exercice des actions possessoires
et réelles. Nous ferons remarquer, en outre, que, pour
combler les lacunes de ce contrat, nous devrons
puiser aux sources législatives de l'usufruit, en
raison du lien étroit qui réunit ces deux tenures.
C'est là, d'ailleurs, la règle que nous avons appliquée dans la détermination des droits de l'emphytéote romain.

1° *Droit de jouissance.* — Si le droit de jouissance
de l'emphytéote sur l'immeuble concédé ne doit pas
être assimilé à celui d'un propriétaire, on doit reconnaître en retour qu'il est de beaucoup plus
étendu que celui d'un usufruitier ordinaire. L'usufruitier, astreint par la loi à jouir en bon père de
famille, doit en outre conserver à la chose sa *substance*, c'est-à-dire le même mode de culture. L'emphytéote, bien que tenu de jouir en bon père de
famille, a des pouvoirs plus larges. Il a la liberté
absolue d'appliquer au sol le système de culture qui
lui convient, de modifier les modes d'assolement, en
un mot de changer la *substance* de la chose. La
seule prohibition apportée à sa jouissance, est de
ne pas compromettre les droits du concédant.

Comme l'usufruitier, l'emphytéote acquiert les
fruits civils jour par jour (art. 586) ; mais les fruits
naturels et industriels pendants par branches et par
racines par la simple séparation.

Nous pensons aussi que l'emphytéote a le droit
de s'approprier les fruits qui pourraient être pen-

dants par branches ou par racines, à l'époque de
son entrée en jouissance, comme il devra laisser
au propriétaire ceux qu'il n'aura pas perçus à
l'expiration de son bail. Toutefois, nous estimons
que, contrairement à la disposition de l'art. 585,
l'emphytéote n'aura le droit de s'approprier les
fruits qu'à la condition de rembourser au concédant les frais de labour, travaux et semences. La
règle édictée par l'art. 548 reprend ici son empire,
car la dérogation apportée par l'art. 585, pour éviter les règlements minutieux entre le nu-propriétaire et l'usufruitier, se justifie par le caractère
aléatoire de l'usufruit. L'emphytéose, ne présentant
aucun caractère aléatoire, quant à la durée, doit, sur
ce point spécial, être régie par l'art. 548 C. C.

L'emphytéote pourra-t-il réclamer le trésor découvert sur le fonds concédé? L'art. 598 *in fine*, qui
refuse ce droit à l'usufruitier, doit être appliqué à
l'emphytéote, car le trésor ne peut être considéré
comme un produit du fonds, et son existence est
complètement indépendante du sol. L'art. 716, qui
attribue le trésor au propriétaire, conserve ici toute
son autorité. Le code hollandais, donnant à l'emphytéote tous les droits attachés à la propriété du
fonds (A. 786), accorde implicitement le trésor à
l'emphytéote. Le code des Deux-Siciles, au contraire,
dispose en ces termes : « Cependant, le trésor qui
sera trouvé dans le fonds, appartiendra, en propor-
tions égales, à l'emphytéote et au propriétaire direct,
sauf le droit de celui qui l'aura découvert aux
termes de l'art. 636. »

L'emphytéote a-t-il le droit de fouiller les mines,

les carrières non encore ouvertes ? Le code hollandais qui s'est occupé de la question, l'a résolue de la manière suivante, dans l'art. 786 : « il lui (l'emphytéote) est défendu d'en extraire des pierres, de la tourbe, de l'argile et autres matières semblables faisant partie du fonds, à moins que l'exploitation n'en ait déjà été commencée à l'époque de l'ouverture de son droit. » Cette disposition, qui est en tous points conforme à l'art. 588, au titre des droits de l'usufruitier, est très équitable et doit s'appliquer, croyons-nous, à l'emphytéote ; nous déciderons, en conséquence, que l'emphytéote devra se conformer au mode de jouissance qu'il trouvera établi, lors de l'ouverture de son droit. L'emphytéote n'aura droit qu'au produit des mines, minières, carrières et tourbières ouvertes, lors de son entrée en jouissance. Quant à celles qui ne seront pas encore exploitées, il n'aura pas la faculté de les ouvrir.

Le motif de notre assimilation à l'usufruit est l'obligation qui incombe à l'emphytéote de rendre au propriétaire, à l'expiration du bail, le fonds sans l'avoir appauvri.

Nous estimons également qu'en vertu de l'art. 7 de la loi du 21 avril 1810, concernant les mines, qui dispose que l'acte de concession « donne la propriété perpétuelle de la mine, laquelle est, dès lors, disponible et transmissible comme tous les autres biens », l'emphytéote n'a plus besoin d'une autorisation spéciale pour continuer l'exploitation commencée par le propriétaire. Tandis que d'après la législation en vigueur à l'époque où l'art. 598 a été décrété (loi du 28 juillet 1791), les concessions des

mines étant formelles, l'emphytéote était obligé, pour
continuer l'exploitation commencée, d'obtenir une
autorisation spéciale du Chef de l'Etat.

Quels sont les pouvoirs de l'emphytéote sur les
bois de haute futaie? Boutaric établissait une distinction : les bois formaient-ils l'objet principal de
l'emphytéose? L'emphytéote pouvait en faire son
profit, lorsqu'ils avaient été mis en coupes réglées,
en observant l'aménagement établi par le propriétaire. Dans le cas contraire, c'est-à-dire lorsque la
haute futaie n'avait pas été mise en coupe réglée,
il était défendu à l'emphytéote de toucher aux arbres ;
il n'avait droit qu'aux arbres arrachés ou brisés par
accident. C'est l'application à l'emphytéote des articles 591 et 592 édictés pour l'usufruit. Les bois de
haute futaie ne forment-ils qu'un accessoire du fonds
donné à emphytéose ? La solution de la question se
ramène à une simple question de fait laissée à l'appréciation du juge, celle de savoir si les transformations opérées ont diminué la valeur du fonds et si la
suppression du bois n'est pas compensée par les revenus que va produire la terre dans sa forme nouvelle.

L'emphytéote jouit de l'augmentation survenue
au fonds par alluvion ; c'est l'application du principe, que la jouissance d'une chose s'étend à ses
accessoires. Nous déciderons aussi, en vertu de ce
principe, que l'emphytéose portant sur un fonds
riverain d'un cours d'eau s'étendra à l'île ou à la
portion d'île que la loi attribue au propriétaire du
fonds (A. 561) et aussi à la portion de terrain que la
force subite des eaux *vis repentina fluminis*, aurait
réunie au fonds.

L'emphytéote jouit du droit de chasse et de pêche.
La jurisprudence (1) applique à l'emphytéote le § 2
de l'article 39 de la loi du 3 mai 1841, ainsi conçu :
« ... Dans le cas d'usufruit, une seule indemnité est
fixée par le jury, eu égard à la valeur totale de l'immeuble, le nu-propriétaire èt l'usufruitier exerçant
leur droit sur le montant de l'indemnité, au lieu de
les exercer sur la chose. »

2° *Droit de disposition.* — L'emphytéote pourra
disposer de son droit réel par voie de donation,
de vente, d'échange ou autrement; aucune prohibition ne s'oppose à l'exercice de ce droit; l'emphytéote n'est, pendant la durée de son bail, lié par
aucune obligation qui fasse obstacle à cette faculté :
sa seule obligation est de rendre le fonds emphytéotique à l'expiration du bail et le tiers qui serait en
possession de l'immeuble de l'emphytéote devra en
faire retour au propriétaire, en vertu de la maxime :
*nemo plus juris ad alium transferre potest quam
ipse habet.* Ce pouvoir de disposition découle de
l'art 544, qui définit le droit de propriété, le droit de
jouir et de disposer des choses de la manière la plus
absolue, pourvu qu'on n'en fasse pas un usage
prohibé par les lois ou par les règlements. L'emphytéote étant propriétaire d'un droit réel, qui est
un démembrement de la propriété, aura la faculté,
conformément à l'art. 544, d'aliéner son droit suivant ses désirs, pourvu qu'aucune atteinte ne soit
portée au respect de l'ordre public et des bonnes
mœurs. La dénonciation au propriétaire, le droit de

---

(1) Arrêt du 12 mars 1845. D. P. 45-1-105.

prélation au profit de ce dernier et la prestation d'une partie du prix, qui étaient les trois conditions d'aliénation de l'emphytéose romaine, ne sont plus exigées en droit français.

L'emphytéote qui aura transmis ses droits à un tiers sera-t-il déchargé de payer au propriétaire la redevance stipulée dans le contrat ? En d'autres termes, la redevance constitue-t-elle une obligation personnelle ou une charge réelle du fonds ? Nous savons que, dans l'ancien droit, le détenteur d'un immeuble grevé d'une rente foncière pouvait se libérer de l'obligation d'en payer les arrérages à venir en vendant l'immeuble ou encore en *déguer-pissant*, c'est-à-dire en abandonnant l'immeuble, car la redevance était due plutôt par l'immeuble que par la personne. Aujourd'hui, le débi-rentier ne jouit plus de la faculté de déguerpir, car la rente foncière ne constitue plus qu'une simple créance d'arrérages, et par suite le débi-rentier est tenu de ce chef d'une obligation personnelle (A. 530). Cette dernière solution, adoptée pour les rentes perpétuelles, toujours rachetables, doit être appliquée au paiement de la prestation exigée de l'emphytéote. Cette décision, conforme à l'équité, protège les intérêts du bailleur, qu'un emphytéote peu scrupuleux pourrait sans cesse mettre en danger en aliénant l'immeuble concédé, pour se décharger de l'obligation de payer une redevance qu'il pourrait considérer comme trop lourde. Le bailleur pourrait se trouver souvent en présence d'un concessionnaire nouveau, qui n'offrirait pas les mêmes garanties de paiement que le précédent.

L'emphytéote, qui a le droit de louer le fonds emphytéotique pendant la durée de sa jouissance, peut-il passer des baux obligatoires pour le bailleur dans la mesure prescrite par les articles 1429 et 1430, après l'extinction de l'emphytéose ? L'art. 595 confère ce pouvoir à l'usufruitier, mais cette solution, qui est une violation de la règle, *nemo plus juris ad alium transferre potest quam ipse habet*, a été prise par le législateur en raison de la durée incertaine de l'usufruit, qui est ordinairement viager. Sans cette faveur accordée au fermier, d'opposer les baux au propriétaire après la cessation de l'usufruit, l'usufruitier ne trouverait pas de preneur, ou s'il en trouvait, ce ne serait qu'à de mauvaises conditions, car le locataire ou le fermier exige généralement qu'on lui garantisse une jouissance d'une certaine durée. La durée de l'emphytéose est, au contraire, nettement déterminée, et le concessionnaire ne peut se prévaloir de cette délégation de jouissance accordée à l'usufruitier pour le temps où son droit n'existe plus, car il peut très bien faire concorder, avec l'exercice de son droit, le terme des baux passés par lui.

Le preneur peut-il établir des droits réels sur son fonds emphytéotique ? D'abord, l'emphytéote peut-il constituer des servitudes ? Nous adoptons, comme en droit romain, l'affirmative. Si on nous objecte que l'emphytéote ne peut se prévaloir de cette faculté, parce qu'il n'est pas propriétaire de fonds, nous répondrons que la seule restriction apportée au droit de disposition est de ne pas détériorer le fonds et de le rendre à l'expiration de son droit franc et quitte de toutes les charges qu'il aurait pu établir. Mais rien ne s'oppose à ce que ce droit de constituer des servitudes ne lui soit pas accordé durant sa jouissance.

L'emphytéote peut-il hypothéquer? Grenier pense qu'un immeuble, possédé à titre d'emphytéose, ne peut être hypothéqué. Il se fonde sur ce que l'article 6 de loi de brumaire an VII indiquait la jouissance par bail emphytéotique comme susceptible d'hypothèque et que le Code Napoléon a gardé le silence à cet égard. Mais cette opinion ne doit pas être suivie. Le Code Napoléon soumet à l'hypothèque les biens immobiliers qui sont dans le commerce. Cette disposition est générale et embrasse tout. Or, l'emphytéose est un droit immobilier, qui a une assiette fixe, comme l'usufruit, et qui est bien différent du simple bail. Il n'y a donc pas de raison pour décider qu'il n'est pas susceptible d'hypothèque. A la vérité, Jolivet disait au Conseil d'Etat dans la discussion de l'art. 2118 : « l'emphytéose n'a jamais été susceptible d'hypothèque. » Mais que penser de cette assertion en présence de l'art. 6 de la loi du 11 brumaire an VII, qui mentionnait expressément le bail emphytéotique parmi les droits susceptibles d'hypothèque ?

L'emphytéose, constituant un démembrement de la propriété, ce dernier droit peut être hypothéqué. C'est l'avis de la jurisprudence (1). Il est entendu d'ailleurs que par application de la règle : *resoluto jure dantis resolvitur jus accipientis*, les hypothèques ne seront pas opposables au propriétaire, après l'expiration de la jouissance de l'emphytéote.

(1) D. 31, 2, 121 — D. 32, 1, 296 — D. 33, 2, 195, S. 33, 2, 65 D. P. 61-1-144-64-1-83.

3° *Actions possessoires*. — Dès l'instant que l'emphytéote temporaire confère un droit immobilier,
les actions possessoires appartiennent par cela
même à l'emphytéote, lequel peut agir en com-
plainte, soit contre le propriétaire qui le troublerait
dans sa possession, soit contre les tiers. Cette doctrine est consacrée par la jurisprudence. Un arrêt
du 26 juin 1862 a décidé que le preneur à emphytéose pour 99 ans peut intenter l'action possessoire.
Il est vrai que la Cour, pour motiver sa décision, se
fonde sur ce fait que l'emphytéote est investi du
domaine utile. Tout en adoptant sa décision, nous
repoussons ses motifs, car, comme nous l'avons
établi, le concessionnaire emphytéote n'a plus qu'un
simple droit réel. Nous appuierons, pour notre part,
cette solution sur l'art. 23 du Code de procédure,
qui dispose que les actions possessoires ne seront
recevables qu'autant qu'elles auront été formées
dans l'année du trouble par ceux qui, depuis une
année au moins, étaient en possession paisible par
eux ou les leurs, à titre non précaire.

L'emphytéote était-il un possesseur précaire? Oui et
non. Oui, quant au droit de propriété de l'immeuble
concédé, car son titre même implique la reconnaissance des droits du concédant; non, quant au droit
réel immobilier conféré à l'emphytéote, car ce droit,
il l'exerce, et par suite, il le possède à titre de maître,
animo domini. L'emphytéose, constituant un immeuble distinct de la propriété du concédant, comme il
est de principe que l'action possessoire compète à
quiconque est troublé dans un droit réel immobilier,
elle doit donc nécessairement revenir à l'emphy-

téote pour défendre son droit, même à l'encontre du
propriétaire, si ce dernier venait le troubler dans sa
jouissance.

§ 2. — *Obligations de l'emphytéote.*

L'emphytéote est astreint, pour prix de sa jouissance, à fournir au propriétaire une redevance appelée généralement canon. Cette prestation constitue
sa principale obligation ; nous estimons que le paiement du canon est de l'essence du contrat d'emphytéose. Si le concessionnaire emphytéote était libéré
de cette obligation, le contrat d'emphytéose se trans-
formerait en donation ou bien en contrat innommé.
Ce sont là d'ailleurs les principes qu'on appliquait
en droit romain.

On s'est demandé si la redevance constitue un droit
réel immobilier, payée en reconnaissance du droit
de propriété au bailleur. Nous rejetons le système
qui fait de la redevance due au propriétaire, un droit
foncier et immobilier, susceptible d'hypothèque et
exclu de la communauté légale, comme constituant
un propre. Sans doute, dans l'ancien droit, la rente
foncière était immobilière, car elle constituait un
droit dans l'immeuble, et on pourrait argumenter
par voie d'analogie en matière d'emphytéose. Mais,
aujourd'hui, les rentes foncières sont mobilières (A.
529), de même la redevance emphytéotique, qui n'est
que la représentation de la jouissance de l'emphytéote. ·

De nombreux arrêts ont pourtant consacré le
système que nous combattons ; mais toutes ces dé-

cisions reposent sur une fausse interprétation de
la nature juridique de l'emphytéose. Les arrêts, qui
proclament que le canon est un droit réel immobilier, représentatif du droit de propriété, réservé au
bailleur, consacrent la fameuse distinction de la
propriété en domaine direct et domaine utile. Nous
avons suffisamment démontré comment cette doctrine, qui était le produit des mœurs féodales, devait
être rejetée de notre législation. En ruinant le principe, nous détruisons la conséquence immédiate du
système. La redevance, étant la représentation, non
du droit de propriété du bailleur, mais de la jouissance du preneur, sera purement mobilière, et, à ce
titre, tombera dans la communauté légale et ne sera
pas susceptible d'hypothèque.

La remise totale ou partielle du canon peut-elle
être réclamée pour cause de perte partielle de l'immeuble, de stérilité extraordinaire, d'invasion ou
de charges insolites imposées par l'Etat? La négative, adoptée par Zénon, doit être encore appliquée de
nos jours. Adopter la solution contraire, ce serait
porter atteinte à l'intention commune des parties
contractantes, car à quoi s'engage l'emphytéote,
sinon à payer une redevance déterminée. La stérilité extraordinaire, l'invasion sont des risques que
l'emphytéote a dû prévoir et dont la charge ne doit
pas retomber sur le bailleur.

Nous adopterons la même solution dans le cas où
la redevance, au lieu d'être modique, serait calculée
sur le produit ordinaire du fonds. Des jurisconsultes
de valeur, comme Troplong, Laurent, Pépin le
Halleur, soutiennent cependant que, dans ce cas,

l'emphytéote se rapproche du fermier et qu'à ce titre, il doit bénéficier de la disposition de l'art. 1769, ainsi conçu : « Si le bail est fait pour plusieurs années, et que, pendant la durée du bail, la totalité ou la moitié d'une récolte au moins, soit enlevée par des cas fortuits, le fermier peut demander une remise du prix de sa location, à moins qu'il en soit indemnisé par les récoltes précédentes. » Nous nous contenterons de faire remarquer, comme nous l'avons fait plus haut, que la charge des risques incombe à l'emphytéote et qu'il ne saurait bénéficier d'une disposition exceptionnelle, contraire à la nature du contrat et à la commune intention des parties. Les exceptions étant d'ailleurs de droit étroit, l'emphytéote ne pourra modifier la quotité de sa redevance.

L'obligation de payer le canon est-elle divisible ou indivisible ?

A la différence du prix des fermages et des loyers, qui est divisible, nous pensons que le paiement du canon doit présenter un caractère indivisible. Cette indivisibilité ne résulte pas de la nature de la prestation, qui est ordinairement fournie en denrées ou en argent, mais de la fin que s'est proposée le bailleur dans le contrat. Nous motiverons notre solution, qui est une dérogation à la règle générale qui admet la divisibilité des espèces monnayées, en qualité de choses fongibles, en invoquant le § 5 de l'art. 1221, C. c. Notre obligation sera indivisible *solutione* et non *obligatione* ou *natura*. Cette opinion est très vraisemblable, car il est à peu près certain que le bailleur emphytéotique a dû se montrer hostile, au moment du contrat, à la divisibilité du paiement du canon par les héritiers de l'emphytéote. Nous ajouterons que notre décision est une pure question d'interprétation, dont la solution est laissée à l'appréciation souveraine du juge.

L'emphytéote n'est pas tenu, avant d'entrer en jouissance, de faire dresser un état de l'immeuble et de fournir caution de jouir en père de famille. Ces deux obligations, qui incombent au contraire à l'usufruitier s'expliquent par ce motif que l'usufruitier doit rendre ses biens dans le même état qu'il les a reçus. En présence de cette responsabilité de l'usufruitier, il était indispensable qu'un titre régulier constatât ce qu'il versait et dans quel état il le recevait. Les causes, au contraire, qui ont donné naissance au contrat d'emphytéose ne commandent pas ces garanties. Mais nous sommes d'avis que l'emphytéote sera tenu de dénoncer au propriétaire les usurpations commises par les tiers, et en général tous les faits susceptibles de porter atteinte à la propriété du fonds qu'il occupe. Cette opinion est motivée par cette considération que l'emphytéote n'a pas le droit de détériorer l'immeuble.

Comme corollaire de la large jouissance qui lui est accordée, l'emphytéote doit supporter les charges de la propriété ainsi que les impôts. La loi met à sa charge, non seulement les réparations dites d'entretien (A. 605) et les réparations locatives (A. 1754), qui sont une charge de la jouissance, mais encore les grosses réparations. Ces grosses réparations, nécessitées le plus souvent par le but que s'est proposé l'emphytéote, qui est d'améliorer l'im-

meuble, doivent équitablement rester à ses frais.
L'emphytéote supporte la charge des impôts, quelles
que soient leur dénomination et leur importance :
contribution foncière, centimes additionnels, taxes
extraordinaires en cas de guerre ou d'autres circonstances. Nous pensons toutefois qu'un tempérament doit être apporté à l'obligation de payer
l'impôt. L'emphytéote est autorisé en vertu de la loi
du 1er décembre 1790 (art. 2 et 6), à faire sur le paiement annuel de l'impôt une retenue proportionnelle à la contribution, à moins que le bail ne con-
tînt expressément la condition de la non retenue par
le preneur. Cette retenue fut fixée ultérieurement
d'abord au quart, ensuite au cinquième (lois des 3
frimaire an VII, 11 frimaire an VIII et avis du Conseil d'Etat du 4 janvier 1809). L'état actuel des choses est donc que, de droit et à part toute convention, l'emphytéote est tenu des impôts, sauf le
cinquième, qui reste à la charge du propriétaire.
Cette dernière restriction n'est pas dans le code
hollandais, qui oblige l'emphytéote à supporter toutes les impositions établies sur le fonds, soit ordinaires, soit extraordinaires (A. 774) ; il en est de
même dans la législation napolitaine (art. 167).

L'obligation d'améliorer incombe-t-elle à l'emphytéote ? Dumoulin et Loyseau soutenaient que ce dernier n'était tenu d'améliorer qu'en vertu d'une
clause expresse. Cette doctrine était consacrée par
l'ancienne jurisprudence. Nous déciderons également
ment que l'emphytéose moderne est régie par ces
mêmes principes. Cela s'explique par ce seul motif
que, de nos jours, les fonds concédés à emphytéose

ne sont pas en général dans un état qui exige des travaux d'amélioration aussi considérables que dans l'ancien droit.

L'emphytéote n'est pas tenu des réédifications des bâtiments détruits par cas fortuits ou force majeure, car, en droit, on a toujours fait une distinction entre les réédifications et les réparations. Mais si la ruine des immeubles était le résultat du défaut d'entretien, qui incombe à l'emphytéote, il serait soumis à l'obligation de les reconstruire à ses frais.

A l'expiration du bail emphytéotique, le preneur doit rendre au bailleur son immeuble en bon état avec les améliorations qu'il s'était engagé à faire. Aura-t-il droit à une indemnité pour les améliorations qu'il pourrait avoir faites sans y être obligé? Nous estimons qu'on devra appliquer à l'emphytéose le § 2 de l'art. 599, qui décide que : « de son côté, l'usufruitier ne peut, à la cessation de l'usufruit, réclamer aucune indemnité pour les améliorations qu'il prétendait avoir faites encore que la valeur de la chose en fût augmentée. » Cette disposition, qui a été écrite, d'une part, en vue d'éviter des comptes minutieux entre le nu-propriétaire et l'usufruit, pour tarir à l'avance une source féconde de procès, et, d'autre part, pour empêcher que le nu-propriétaire pût être grevé contre son gré par le fait de l'usufruitier, d'obligations peut-être fort lourdes, est en tous points applicable à l'emphytéote. Les mêmes situations juridiques appellent les mêmes principes.

L'emphytéote a fait des constructions sur le fonds grevé d'emphytéose ; le propriétaire a-t-il le droit de

14

les conserver sans payer l'indemnité ? ou bien l'emphytéote peut-il, lors de la cessation de l'usufruit,
demander une indemnité au propriétaire, et, pour
le cas où celui-ci refuserait de la payer, démolir
l'immeuble et rétablir les lieux dans leur ancien
état ?

Dumoulin et Loyseau émettaient l'opinion que
dans le cas où l'emphytéose prenait fin par l'expiration du terme déterminé, l'emphytéote pouvait retirer ses améliorations, à moins que le bailleur ne
préférât les conserver, après en avoir préalablement
payé la valeur. La jurisprudence du Parlement de
Paris déclarait, au contraire, que l'emphytéote per-
dait ses améliorations et ne pouvait ni les répéter
ni en demander le remboursement.

Quel parti adopter en présence de ces divergences ?
Quelques jurisconsultes croient trouver la solution
de notre problème dans l'art. 599. On doit assimiler,
d'après leur doctrine, l'emphytéote à un constructeur
de mauvaise foi; en conséquence, si le propriétaire
refuse de lui rembourser son impense, il pourra
exercer le jus *tollendi*, c'est-à-dire démolir les constructions et faire son profit des matériaux, à la charge
de rétablir les lieux dans leur premier état. Mais
cette doctrine est inadmissible, car, elle repose sur
une fausse interprétation de l'art. 555, C. c. Ce dernier article ne vise que les rapports du propriétaire
avec le tiers auquel ne le rattachent aucun lien con-
tractuel, ni aucune relation juridique; la règle de
l'article 555 ne peut donc régir les relations du propriétaire avec l'emphytéote dont les liens contrac-
tuels sont un fait constant. Abstraction faite de cette

considération, des différences profondes séparent l'emphytéote du possesseur de mauvaise foi. Ce dernier encourt, sans doute, une responsabilité, puisqu'il usurpe un titre de propriété qui ne lui appartient pas; mais il n'en est pas moins vrai que ses constructions ou plantations sont faites dans son propre intérêt, dans l'intention de devenir propriétaire par prescription ou autrement. S'il entreprend ces travaux, c'est qu'il compte les chances d'usurper le titre de propriétaire d'une chose dont il n'est que possesseur. C'est cet espoir qui lui permet de sacrifier des capitaux qu'il ne déplacerait nullement, s'il redoutait sa dépossession. L'emphytéote, au contraire, ne possède pas le fonds *animo domini;* son titre implique la reconnaissance du droit du propriétaire; on doit donc supposer qu'il construit avec l'intention de jouir des constructions durant un long bail et de les abandonner ensuite au propriétaire.

SECTION III

Constitution, transmission et extinction de l'emphytéose.

§ 1. — *Constitution de l'emphytéose.*

L'emphytéose, conférant au preneur un droit réel, c'est-à-dire un démembrement de la propriété, ne peut être consentie que par ceux qui ont la capacité d'aliéner. La raison en est que l'emphytéose, si elle n'est pas une aliénation, en contient le germe.

Les personnes incapables d'aliéner sont les femmes mariées, les mineurs, les interdits et les personnes soumises à un conseil judiciaire.

Pour savoir si la femme mariée peut donner son bien à emphytéose, il faut distinguer si elle est mariée ou non sous le régime dotal.

Lorsque la femme n'est pas mariée sous le régime dotal, on trouve dans l'art. 217, Code civil, le principe régulateur de la matière : « La femme, même non commune ou séparée de biens, ne peut donner, aliéner, hypothéquer, sans le concours du mari dans l'acte ou son consentement par écrit. »

La femme mariée sous le régime de la communauté légale, exclusif de communauté, de la séparation de biens, étant incapable d'aliéner ses immeubles sans l'autorisation du mari ou de la justice (219), doit obtenir la même autorisation pour les donner à emphytéose.

A l'égard de la femme dotale, il faut distinguer ses biens paraphernaux d'avec les biens constitués en dot.

Les biens paraphernaux ne peuvent être donnés à emphytéose, sans l'autorisation du mari, ou, à son refus, sans la permission de la justice (art. 1576). A l'égard des biens dotaux, c'est-à-dire de ceux qui constituent le fonds dotal, la femme ne peut consentir des baux emphytéotiques, même avec la permission du mari. Cela résulte de l'inaliénabilité des immeubles dotaux décrétée par l'art. 1554.

Quid de la femme mariée sous le régime dotal venant à obtenir la séparation de biens, *cum maritus vergit ad inopiam* (art. 1565). Il faut décider que

malgré la séparation, la dot n'en conserve pas moins
son caractère et reste inaliénable, car cette restitution n'est qu'une séquestration de la dot, une sûreté
pour empêcher la dissipation du bien de la femme.

Le mineur, étant incapable d'aliéner et d'hypothéquer, ne peut consentir des baux emphytéotiques.
Le tuteur n'aura cette faculté qu'en vertu d'une autorisation du conseil de famille, donnée pour une
cause de nécessité absolue ou d'un avantage évident, et homologuée par le tribunal civil.

Le mineur émancipé n'a pas, en cette matière, une
plus grande liberté que le mineur non émancipé.
D'après les articles 483, 484 Code civil, il devra
observer les formalités imposées aux mineurs non
émancipés.

Les interdits pour cause de fureur, démence, im-
bécillité sont dans la même catégorie que les mineurs
non émancipés (art. 509).

Ceux qui sont pourvus d'un conseil judiciaire ne
peuvent consentir des baux emphytéotiques qu'avec
l'autorisation du conseil.

L'envoyé en possession définitive pourra donner à
emphytéose les biens de l'absent (132); ce pouvoir
n'appartient pas à l'envoyé en possession provisoire
(art. 128).

Les communes et les autres établissements publics
ne peuvent consentir des baux emphytéotiques qu'en
observant les formalités requises en cas d'aliénation.

L'emphytéose, à l'exemple de la vente, n'est soumise à aucune condition particulière de validité ;
le seul consentement des parties contractantes sera
suffisant. Mais les actes portant concession d'un

droit emphytéotique tombent sous l'application de l'art. 1, §1 de la loi du 23 mars 1855: «Sont transcrits au bureau des hypothèques de la situation des biens : 1° tout acte entre-vifs translatif de propriété immobilière ou de droits réels susceptibles d'hypothèque. » En conséquence, pour être opposable au tiers, l'emphytéose devra être soumise à la formalité de la transcription. Les raisons qui font admettre cette solution, en matière de vente immobilière et d'hypothèque, s'appliquent également à l'emphytéose.

L'emphytéose consentie par testament échappera à cette formalité en vertu du principe général que les mutations à cause de mort ne sont pas rendues publiques.

Pour la preuve du contrat d'emphytéose, on appliquera les principes généraux.

Nous avons vu que l'art. 1 de la loi des 18-29 décembre 1790 fixe à 99 ans le délai maximum des baux emphytéotiques. Nous rappelons que la stipulation d'un bail à emphytéose perpétuelle n'est pas nul ; il transfère la propriété comme une autre aliénation ; seulement, le preneur pourra user de la faculté de rachat, nonobstant toute clause contraire.

Existe-t-il une durée minimum au-dessous de laquelle l'emphytéose ne saurait être constituée et si elle existe, quelle est-elle ? Cette question a donné lieu à de grandes dissidences, Les lois romaines sont muettes sur ce point et les jurisconsultes romains qui se sont occupés du problème l'ont résolu vaguement en disant que l'emphytéose doit être *non ad modicum tempus*. Cette expression est trop élastique pour fixer les esprits. Les jurisconsultes de l'école moderne fixent des délais purement arbitraires, comme durée minimum du bail emphytéotique. Les uns veulent que l'emphytéose soit établie pour une durée minimum de 9 ans ; d'autres arrivent jusqu'à 18 ans et quelques-uns même jusqu'à 30 ans. Nous ne suivrons pas les auteurs dans ce système de fixation, reconnaissant que, dans la législation contemporaine, l'assignation d'un délai minimum n'est pas de l'essence du contrat d'emphytéose. Nous en concluons qu'on peut constituer une emphytéose alors même que la durée du contrat en serait très restreinte.

Peut-on acquérir par prescription le bail emphytéotique ? Cette question, qui a suscité de vives controverses dans le droit romain et féodal, est encore débattue de nos jours.

Les partisans de l'affirmative invoquent, à l'appui de leur doctrine, le droit reconnu par le Code de prescrire la propriété ainsi que les démembrements de la propriété, l'usufruit, les servitudes, l'hypothèque. Pourquoi l'emphytéose échapperait-elle à ces principes généraux de notre législation civile ?

Avant de répondre définitivement, nous estimons qu'une distinction s'impose entre la prescription de dix à vingt ans et la prescription trentenaire.

Dans l'hypothèse de la prescription de dix à vingt ans avec juste titre et bonne foi, nous acceptons volontiers l'acquisition du droit emphytéotique. C'est la solution admise en matière d'usufruit, dont le droit réel présente certaines affinités avec notre tenure. Ainsi, je constitue à votre profit un droit d'emphytéose sur un immeuble qui ne m'appartient pas:

la constitution d'emphytéose est donc nulle comme faite *a non domino* ; vous exercez néanmoins le droit d'emphytéose sans opposition de la part du propriétaire pendant le temps fixé par l'art. 2265, vous aurez acquis le droit d'emphytéose par la prescription. Pourquoi en serait-il autrement ? L'acquisition de la prescription ne s'accomplit-elle pas en vertu de la loi qui la consacre et de la volonté de l'homme qui la laisse s'accomplir ? Le droit du propriétaire ne doit pas être ici mis en avant ; si la constitution d'emphytéose est pour lui onéreuse, il n'a pas à se plaindre, car il doit supporter les conséquences de sa mauvaise administration, née de son défaut de vigilance.

Quid de la prescription trentenaire ? Beaucoup d'auteurs, invoquant les principes généraux de la prescription, reconnaissent à l'emphytéote la faculté d'acquérir ce droit par la prescription trentenaire. Il faut avouer que cette argumentation est d'autant plus logique qu'aucun texte concernant l'emphytéose ne vient restreindre ce droit. Toutefois, nous estimons que la nature propre du bail emphytéotique écarte cette solution. La prescription accomplie, l'emphytéote a acquis la jouissance d'un droit réel *avec l'engagement de payer le canon annuel.* Cette dernière obligation ne se conçoit pas aisément de la part d'un individu usurpant la possession d'un immeuble avec la faculté d'y constituer une emphytéose. A qui payera-t-il cette redevance, puisqu'il n'est lié contractuellement avec personne ? Or, le paiement de la redevance est une condition essentielle de la validité de l'emphytéose ; en présence de cette impossibilité d'existence, l'emphytéose ne pourra s'acquérir par la prescription trentenaire.

La recherche des droits fiscaux, auxquels peut être assujettie l'emphytéose en matière d'enregistrement, donne lieu à de graves discussions.

La régie admettait primitivement que l'emphytéose temporaire devait être soumise au même droit que le bail, c'est-à-dire frappée seulement d'un droit de 0 fr. 20 pour 100 sur les redevances cumulées pendant toute la jouissance (loi du 22 frimaire an VII art. 69, § 3). La perception de ce droit avait été résolue par des délibérations et des décisions nombreuses, telles qu'une décision du 14 prairial an VII, une circulaire du 16 messidor an VII, deux délibérations du 24 mai 1833 et 21 janvier 1834. Les motifs de la circulaire du 16 Messidor étaient ainsi conçus : « Attendu : 1º que la loi du 22 frimaire ne reconnait, quant aux actes translatifs d'immeubles, que trois sortes de dispositions, celles qui transmettent la propriété, l'usufruit ou la jouissance ; 2º que, d'après cette division, le législateur a également divisé, par l'application des droits d'enregistrement, les baux en trois classes, savoir : les baux à rente perpétuelle, les baux à vie et les baux d'une ou plusieurs années, mais à durée limitée ; 3º que la durée des baux emphytéotiques étant fixée à un nombre d'années déterminé, on ne peut les assimiler aux baux à rente perpétuelle, ni aux baux à vie ; qu'ils doivent être considérés comme des baux à durée limitée, et par conséquent assujettis au même droit que les baux à ferme on à loyer. »

Après 1834, ces doctrines furent abandonnées par

la régie, qui a réussi à en faire triompher de moins conformes à l'esprit du droit d'emphytéose tel que le droit romain l'a décrit, mais plus utiles au trésor. Ainsi, s'emparant de cette division de la propriété en domaine direct et en domaine utile, à l'aide de laquelle les interprètes des textes ont cherché à expliquer les droits qui appartiennent à l'emphytéote et au bailleur, oubliant que cette division est contraire aux textes, la régie a fait décider que l'emphytéose engendrait, entre le bailleur et le preneur, deux sortes de propriétés, toutes deux susceptibles d'être frappées des droits de mutation immobilière. Ce qui a surtout contribué à faire ainsi décider cette question, c'est que l'emphytéote jouissait des droits attachés au domaine utile, tels que ceux de vendre, d'aliéner, d'hypothéquer, à un titre quelconque. « Attendu, dit un arrêt de la Cour de cassation de 1853 (1), que l'emphytéose, à la différence du bail ordinaire, opère, pendant sa durée, la division de la propriété même en deux parties .. et constitue, en faveur du preneur, sur le sol et ses accessoires, un droit immobilier dont la mutation, à titre onéreux, donne ouverture au droit fixé, pour la transmission d'immeubles, par les art. 4, 15, n° 6, 69 § 7, de la loi du 22 frimaire an VII, 52 et 54 de la loi du 28 août 1816. »

Mais la Cour de cassation, substituant à la division de la propriété en deux domaines, celle de l'aliénation temporaire, a changé subséquemment

(1) D. P. 53, 1, 53.

les motifs de ses arrêts concernant les droits d'enregistrement de l'emphytéose, mais non son disposi-
tif.

« Attendu, dit un arrêt de la Cour de cassation,
que le bail emphytéotique est réellement un acte
translatif de propriété d'un bien immobilier; qu'à ce
titre, il est soumis au droit proportionnel établi sur
tous les actes qui sont de nature à opérer une translation de propriété de biens immobiliers... »

Cette jurisprudence a été depuis cette époque
généralement suivie, et l'enregistrement perçoit le
droit proportionnel de 6 fr. 87 c. et demi %.

Nous ne reviendrons pas sur la critique de ces
deux théories admises à différentes époques par la
Cour de cassation. Ces observations sur la nature
juridique de l'emphytéose nous amènent logique-
ment à repousser l'application du droit proportionnel des mutations immobilières à ce dernier contrat.
Une décision judiciaire, qui repose sur des motifs
erronés, est généralement fausse elle-même. De
quels droits fiscaux sera alors susceptible l'emphytéose? Nous estimons que le bail emphytéotique temporaire devra être soumis au même droit que le bail
ordinaire, qui est de 0 fr. 25 c. sur les redevances
cumulées pendant toute la jouissance. Nous adoptons,
en un mot, le premier système admis par la régie;
et cette solution est très équitable, en même temps
que très logique. Puisque les art. 4 et 15 de la loi du
22 frimaire an VII, sur l'enregistrement, distinguent
la valeur de la propriété, la valeur de l'usufruit et
la valeur de jouissance des immeubles, nous pensons que, parmi ces trois catégories, la valeur la plus

applicable au bail emphytéotique limité est celle de la jouissance. Il n'y a pas, en effet, transmission de pleine propriété, ni transmission d'usufruit dans l'emphytéose, bien que, sous divers rapports, il y ait analogie entre l'usufruit et l'emphytéose; mais le législateur de l'époque n'a pas assimilé ces deux dernières tenures, puisque l'art. 6 de la loi du 11 brumaire an VII, très peu postérieure à la loi du 12 frimaire, distingue par cet article 6 l'usufruit d'avec la jouissance, à titre emphytéotique. Dans le silence de la loi, en matière d'impôts, on doit appliquer le système le moins onéreux au contribuable, et conséquemment celui du bail dont la durée est déterminée.

§ 2. — *Transmission de l'emphytéose.*

Le bail emphytéotique est transmissible par acte entre-vifs ou à cause de mort. Cette assertion ne saurait susciter la plus légère objection. La transmission par acte entre-vifs s'effectue, soit à titre onéreux, soit à titre gratuit. Mais il reste bien entendu, comme nous l'avons remarqué précédemment, que l'emphytéote originaire est lié vis-à-vis du propriétaire, par une obligation personnelle, et qu'à ce titre, il demeure responsable du paiement du canon et de l'exécution des diverses charges. Le propriétaire ne peut exercer ni le droit de retrait, ni percevoir aucun droit analogue au *laudemium* ou aux *lods et ventes*. Il est hors de doute toutefois qu'une stipulation contraire aurait force de loi, car il n'y aurait là rien de contraire à l'ordre public ou aux bonnes mœurs. La ces-

sion de l'emphytéose, comme la constitution, pour
être opposable aux tiers, devra être transcrite au
bureau des hypothèques de la situation des biens.
La cession à titre onéreux est régie par la loi du 23
mars 1855; la cession à titre gratuit, par les art. 939
et suivants du Code civil.

La transmission de l'emphytéose peut s'effectuer
par voie testamentaire ou bien par voie de succession légitime. Il n'y a là aucune difficulté et on applique les principes du droit civil en matière de
succession.

§ 3. — *Extinction de l'emphytéose.*

Nous devons distinguer parmi les causes d'extinction proprement dites et les causes de déchéance.
Nous diviserons en conséquence ce paragraphe en
deux parties : 1re partie, des causes d'extinction proprement dites; 2me partie, des causes de déchéance.

PREMIÈRE PARTIE. — Causes d'extinction proprement dites. — L'extinction normale du bail emphytéotique résulte de l'expiration du terme. Le propriétaire n'a nullement besoin de signifier un congé
pour inviter le preneur à vider les lieux, car il n'a
pas à craindre la reconduction tacite (1). Toutefois, il
ne sera pas inutile de donner à l'emphytéote un aver-
tissement, quelque temps avant l'échéance du bail,

---

(1) Car ce contrat opère un démembrement trop grave de la propriété, pour qu'on étende jusqu'à lui la rénovation tacite dont le
propriétaire n'éprouve, dans le bail à ferme, aucune incommodité.

pour lui signifier que les délais expirés, il ne tolèrera plus la jouissance de l'immeuble concédé. A défaut de cette notification, le preneur emphytéote, conservant la possession de l'immeuble quelque temps après l'expiration du contrat, pourrait réclamer une continuation temporaire de jouissance, en arguant du consentement tacite du propriétaire.

La perte totale de l'immeuble, survenue par cas fortuit ou force majeure, met fin à l'emphytéose. Mais il n'en est ainsi que si la chose sur laquelle porte le bail emphytéotique disparaît pour le tout : dès lors, dans l'hypothèse où un édifice viendrait à être détruit, il faudra, pour savoir si l'emphytéose est éteinte, déterminer si c'était la maison ou le sol lui-même qui formait l'objet de la tenure.

La prescription extinctive met fin à l'emphytéose. En conséquence, si l'emphytéote laisse passer trente ans sans effectuer aucun acte de jouissance sur l'immeuble, son droit sera résolu. Le bail emphytéotique pourra aussi prendre fin par l'effet d'une prescription accomplie, soit au profit d'un tiers ou du propriétaire qui possèderait le fonds en qualité de plein propriétaire.

Nous avons trop longuement répété que l'emphytéose ne pouvait s'éteindre par le *déguerpissement* du preneur, pour rappeler que ce genre de délaissement de l'immeuble ne constitue pas un mode d'extinction.

La résolution du droit du constituant, la mort du preneur sans héritiers, et la confusion, c'est-à-dire la réunion sur une même tête des qualités d'emphy-

téote et de propriétaire font également disparaître
la tenure emphytéotique.

DEUXIÈME PARTIE. — Causes de déchéance de
l'emphytéote. — L'emphytéote encourt la déchéance
de son droit s'il détériore le fonds ou se livre à des
abus de jouissance. C'est là une solution d'équité
conforme à la tradition romaine et aux vrais principes. S'il est naturel de laisser à l'emphytéote de larges pouvoirs dans le mode d'exploitation du fonds
emphytéotique, il serait injuste de lui permettre le
droit abusif de dégrader un immeuble dont il n'est
pas propriétaire.

On trouve dans tous les traités sur l'emphytéose,
des controverses sur la manière d'appliquer la condition résolutoire, lorsqu'elle a été formellement
exprimée dans le contrat. Nous pensons, au contraire,
que ce point ne présente pas de difficultés, et que les
principes généraux sont applicables.

Les parties conviennent-elles que le contrat d'emphytéose sera résolu dans le cas où l'une d'elles
n'exécutera pas ses obligations? Cette clause, étant
la copie de l'art. 1184, la résolution ne pourra être
poursuivie en justice qu'après les formalités d'une
sommation préalable, et les juges, suivant les circonstances, pourront accorder un délai de grâce.

Les parties stipulent-elles que l'emphytéose sera
résolue de *plein droit* si l'une des parties ne rem-
plissait pas les engagements? Il ne sera pas nécessaire que la résolution soit prononcée en justice;
mais nous pensons que cette résolution n'aura lieu

qu'après une sommation préalable, la partie en défaut pouvant jusque là satisfaire à son obligation.

Les parties ont-elles inséré dans le contrat d'emphytéose que le contrat tombera de *plein droit et sans sommation* en cas d'inexécution des clauses? Cette fois, l'expiration du délai suffira pour opérer de plein droit et irrévocablement la résiliation du bail emphytéotique.

PREMIER APPENDICE

L'emphytéose d'après le projet de loi
voté par le Sénat.

L'analyse de l'emphytéose nous révèle qu'aux diverses phases de sa carrière économique, cette institution avait éveillé de vives controverses. Cette conséquence était fatale en présence du défaut de règlementation légale. Tout contrat dont la détermination de l'économie est laissée à l'arbitraire de la coutume, subit les assauts répétés des intérêts, s'efforçant de le plier aux besoins de leur cause. Le silence des textes favorise les disputes juridiques, d'autant plus faciles que l'objet qui les suscite est vague et indéterminé. L'emphytéose, plus que toute autre institution, devait appeler la controverse, à cause de sa nature complexe ayant des affinités avec le bail, la vente et l'usufruit. Les jurisconsultes romains, dont les brillantes qualités critiques, se sont puissamment manifestées dans la logique du droit, ont donné l'exemple des discussions arides sur l'interprétation de l'emphytéose, et la décision laconique de Zénon ne devait pas les éteindre.

L'emphytéose, dans sa marche à travers la féodalité, n'a pas échappé aux controverses dont son caractère était l'objet. Elles ne sont pas éteintes, sous

15

notre législation ; elles persistent toujours avec la même acuité, bien qu'elles ne soient qu'un pâle reflet des disputes qui ont agité le monde des jurisconsultes romains.

Le gouvernement français comprit qu'il était grand temps de donner une règlementation légale à l'emphytéose pour mettre un terme aux vieilles discussions et aux procès dispendieux qui en étaient la conséquence. On doit reconnaître facilement que cette tenure ne présente plus l'importance que les institutions politiques et sociales antérieures à 1789 assuraient aux locations à long terme dans l'exploitation de la propriété agricole ; cette dernière tend d'ailleurs à succomber sous les deux tendances de la propriété moderne, l'individualisme et la liberté ; mais il n'en est pas moins vrai que cette institution est une réalité bien vivante dans la société des agriculteurs. La pratique des baux emphytéotiques était d'un usage assez courant pour que le gouvernement lui fît une place dans son projet du Code rural présenté au Sénat en 1876.

Le titre V était ainsi conçu : « Du bail emphytéotique ou à long terme. »

La commission chargée d'examiner le projet du gouvernement n'apporta que de légères modifications à son économie, mais le Sénat se montra moins respectueux.

Nous allons examiner rapidement quels principes législatifs consacre le projet de loi voté par le Sénat dans la séance du 28 février 1882, les opposer aux solutions juridiques présentées et en apprécier la valeur.

Dans l'examen du projet de loi sur le bail emphytéotique, nous ne suivrons pas l'ordre des articles
tel qu'il a été consacré par le législateur, mais la
méthode que nous avons toujours suivie et qui consiste à déterminer successivement la nature et les
caractères éventuels de ce contrat, les droits et les
actions de l'emphytéote, ses obligations, la constitution, la transmission et les causes d'extinction de
cette tenure et les droits d'enregistrement applicables.

§ 1. — *Nature et caractères essentiels du bail emphytéotique.*

Le projet de loi du gouvernement consacrait une
innovation très considérable : il assimilait les baux
à long terme à l'emphytéose. Voici comment s'ex-
primait l'art. 58 du projet sur le Code rural : « Le
bail des biens immeubles consenti pour 30 ans au
moins ou 99 ans au plus, prend le titre d'emphytéose ou de bail à long terme. » Cette assimilation
était encore corroborée par la rubrique du titre V
ainsi conçue : « Du bail emphytéotique ou à long
terme. »
Le gouvernement et la commission, partant de
cette idée que le bail à long terme et l'emphytéose
conféraient la jouissance d'un immeuble pour un
grand nombre d'années, que tous deux grevaient la
propriété pendant une durée qui peut être la même,
qu'ils avaient l'un et l'autre le même but et la même
cause, pensaient qu'il était de toute utilité d'attribuer au bail à long terme, les avantages que la loi

ancienne conférait à l'emphytéose. « La seule différence, dit M. Ribière, rapporteur, qui existerait aujourd'hui entre ces deux baux, viendrait de certains
droits et de certaines obligations que la loi se plai-
rait à rattacher à l'un, sans les stipuler pour l'autre.
La différence de durée ne porte aucune atteinte à la
nature même des deux contrats. Donc, les charges et
les avantages, c'est-à-dire les conditions essentielles
de l'un et de l'autre, doivent être absolument les
mêmes. » L'honorable rapporteur concluait donc
de ces considérations que le bail à long terme devait avoir dorénavant la même nature et la même
définition, en un mot que ces deux expressions
devaient être synonymes.

Inviter le Sénat à consacrer ce système d'assimilation était une œuvre hardie et contre laquelle devaient protester les partisans des vrais principes
juridiques et des vieilles traditions.

Nous rappellerons les différences capitales qui
séparent ces deux contrats, pour mettre en relief la
témérité qu'il y avait à vouloir rompre avec un
passé séculaire.

Le louage des choses ordinaire, quand il porte
sur des immeubles, suppose qu'ils sont en bon état
d'entretien, lors de l'entrée en jouissance et, le
contrat qui intervient a pour but de faire obtenir au preneur leur usage actuel et immédiatement profitable; au contraire, dans l'emphytéose, l'immeuble donné à bail est un immeuble
présumé dans un état imparfait dont la jouissance utile n'existe pas pleinement dans le présent et ne peut être qu'espérée dans l'avenir. En

dehors de cette première différence entre l'emphytéose et le louage, et laissant de côté celles qui
tiendraient à la durée et à la nature du droit de
l'emphytéote, il y a lieu de relever les suivantes :
1° l'emphytéote ne peut pas exiger que le propriétaire entretienne la chose en bon état; 2° c'est lui
qui supporte la charge de l'impôt foncier ; 3° les
fruits lui sont acquis comme au possesseur de bonne
foi dès l'instant de leur séparation.

M. de Gavardie a protesté avec véhémence contre
cette violation des anciennes distinctions : « Cette
assimilation est antijuridique. Vous ne pouvez pas
changer la nature des choses ; vous ne pouvez pas,
par ce que j'appelais tout à l'heure une véritable
chimie juridique, prendre les éléments du bail dont
la nature et les caractères sont établis et connus et
les fondre ou plutôt les confondre avec l'emphytéose.
C'est là ce qui ne s'est jamais vu, et vous ne pouvez
pas, Messieurs, consacrer une véritable monstruo-
sité juridique. »

Nous ajouterons que cette tentative d'assimilation
était contraire, non seulement aux principes, mais
encore aux intérêts de l'agriculture. La Commission,
en effet, croyant faire œuvre utile par cette innovation, établissait cette présomption hasardée que les
baux de trente ans et au-dessus, seraient emphytéotiques. C'est l'article 13 du projet qui consacrait cette
doctrine : « Les dispositions de la présente loi seront
applicables aux baux de trente ans et plus, quel que
soit le nom employé pour les désigner, si les parties
n'ont pas restreint le contrat aux effets du bail ordinaire, » Il y avait là une disposition extrêmement

grave ; elle violait manifestement l'intention des parties contractantes, car on établissait une présomption légale arbitraire. Les défenseurs de l'art. 13
objectaient, il est vrai, qu'il est facile pour les parties
de se soustraire aux dangers qui les menacent, en
insérant dans le bail une clause explicative, énon-
çant que, malgré la durée du bail, elles entendent
restreindre le contrat aux effets des baux ordinaires.
On a, avec beaucoup de raison, répondu que la majorité des hommes d'affaires et presque toutes
les parties, ignorant les dispositions du bail emphytéotique, il est très possible qu'on oublie d'insérer,
dans des conventions qui sont souvent l'œuvre des
parties elles-mêmes, la clause de dérogation aux règles particulières de l'emphytéose.

En présence de ces critiques, le Sénat ne vota pas
cette assimilation du bail à long terme au bail emphytéotique, ni cette présomption légale de l'art. 13.
La nouvelle rubrique du chapitre V porte seulement
« du bail emphytéotique » et l'article 1er est ainsi
conçu : « Le bail emphytéotique de biens immeubles
confère au preneur un droit réel susceptible d'hypothèque ; ce droit peut être cédé et saisi dans les
formes prescrites pour la saisie immobilière. Ce bail
ne peut être consenti pour plus de 99 ans, ni pour
une durée moindre de 30 années ; il ne peut se pro-
longer par tacite reconduction. »

Cette nouvelle rédaction ne fut pas maintenue. La
durée minimum de 30 années, exigée par la constitution d'un bail emphytéotique, fut considérée comme
beaucoup trop élevée pour aboutir à un résultat pratique. En présence des réclamations du Sénat, la

durée minimum fut restreinte et abaissée à 18 années.

Nous ajouterons, avec M. Malens, qu'il est même arbitraire de soumettre la validité de l'emphytéose à la condition d'une durée minimum déterminée. Cette innovation est absolument malheureuse, car elle a pour conséquence de détruire la véritable utilité de l'emphytéose dans l'état actuel. « Est-ce que vous croyez, dit M. Malens, qu'il y a un véritable intérêt pour l'agriculture — c'est à ce point de vue que je me place — à avoir un bail de 30 ans ? Je crois que s'il y a nécessité à ce qu'un bail dure 30 ans, pour que l'emphytéose produise ses effets, c'est un contrat qui n'entrera pas dans la pratique ; c'est un contrat qui ne sera pas usité, parce que de nos jours où tout va vite, ou tout le monde veut aboutir rapidement, quand il s'agira de faire un bail d'une durée de 30 ans, personne ne voudra un contrat de cette nature. Dès lors vous n'obtiendrez aucun résultat pratique. Il fallait rester dans ce qui était avant, c'est-à-dire laisser aux parties le soin d'apprécier quelle était la durée qui leur convenait de donner à l'emphytéose pour faire produire au contrat ses effets utiles. L'emphytéose ne tient pas, en effet, son caractère principal de sa durée, mais de son but. »

Cette protestation, si elle ne fut pas écoutée, eût du moins pour effet utile, d'abaisser la durée minimum du bail emphytéotique à 18 ans.

Nous ferons observer que ce choix de 18 années, est encore le résultat d'une interprétation erronée de la loi du 23 mars 1855 sur la transcription. M. Ribière

a émis la thèse que le délai minimum du bail emphytéotique ne pouvait pas être moindre de 18 ans, si
on voulait ne pas porter une grave atteinte aux intérêts des tiers. Vous savez, disait-il, que l'art. 2,
§ 4 de la loi du 23 mars 1855 ne soumet à l'obligation de la transcription que les baux d'une durée de
18 années *au moins*; admettre la constitution de
l'emphytéose pour une durée plus restreinte, c'est
dispenser ce contrat de la nécessité de la transcription et mettre en péril les intérêts des tiers dont la
garantie n'existera plus.

Nous répondons à l'honorable rapporteur que si
ses paroles interprétaient exactement les termes de
la loi de 1855, le but qu'il a poursuivi ne serait pas
entièrement atteint, car l'art. 2, § 4 ne soumet à la
transcription que les baux *de plus* de 18 ans. Les
baux emphytéotiques de 18 ans seulement échappe-
raient à ce système de publicité de la loi sur la transcription et seraient opposables aux tiers, malgré leur
clandestinité.

Aussi, n'est-ce pas cet article de la loi du 23 mars
1855, mais l'article 1er, § 1, qui astreint l'emphytéose
à la formalité de la publicité. L'emphytéose, en effet,
étant un droit réel susceptible d'hypothèque, doit
être transcrite pour être opposable aux tiers; peu importe sa durée, la loi de 1855 n'en parle pas.

L'honorable rapporteur interprétait donc fausse-
ment la loi sur la transcription, quand il s'appuyait
sur les exigences de cette dernière loi pour fixer à
18 ans la durée minimum des baux emphytéotiques.

En résumé, nous dirons que le projet de loi voté
par le Sénat, malgré cette dernière critique, respecte

les vrais principes du droit, un moment méconnus par le gouvernement et la commission, en laissant au bail à long terme et son originalité et son indépendance.

En soumettant la constitution de l'emphytéose à une durée minimum déterminée, le Sénat a tranché, bien ou mal, un vieux problème dont la solution était encore en suspens dans la doctrine et la jurisprudence.

§ 2. — *Droits de l'emphytéote.*

L'article 1ᵉʳ du projet de loi voté par le Sénat fait cesser les discussions délicates sur l'interprétation de la nature juridique de l'emphytéose. Le projet proclame que ce contrat confère au preneur un droit réel susceptible d'hypothèque et non le bénéfice de la propriété temporaire. La théorie de la subdivision de la propriété en deux domaines, assise sur l'emphytéose féodale, a fait aussi son temps.

Le bailleur conserve la propriété du fonds avec toutes les garanties qui protègent ce droit. Il peut la transmettre par acte entre-vifs ou à cause de mort, l'hypothéquer sous la seule restriction de ne pas nuire aux droits de l'emphytéote.

Au moment de la discussion de l'article 1ᵉʳ, en deuxième délibération, l'honorable M. Bozérian pria le rapporteur de vouloir indiquer comment serait réglé le concours qui pourrait se produire entre le privilège du bailleur pour la redevance du fonds et l'hypothèque consentie par l'emphytéote.

M. Ribière, émettant un avis purement personnel, répondit en ces termes: « Lorsque un bail emphytéotique a été passé, le propriétaire a cédé des droits réels à l'emphytéote ; par conséquent, à mon avis, le propriétaire a abandonné une partie de sa propriété, c'est-à-dire la jouissance que l'emphytéote doit exercer sur le fonds pendant une durée déterminée avec faculté de l'hypothéquer. Le propriétaire a donné son consentement; dès lors, l'effet de l'acte qui est transcrit, l'effet de l'hypothèque concédée par le preneur en vertu du consentement antérieur du propriétaire, c'est de faire passer au second rang le privilège de ce dernier; autrement, le droit d'hypothéquer serait illusoire ; les tiers verraient leurs intérêts absolument compromis, anéantis peut-être si, alors que le propriétaire a abandonné lui-même, et d'une façon régulière, une portion de son patrimoine, l'hypothèque du preneur ne prévalait pas sur le privilège du propriétaire. »

On protesta avec raison contre cette explication du rapporteur en alléguant que si la loi en projet établissait des principes sérieux en matière d'emphytéose, ce projet ne dérogeait pas aux principes généraux du droit; il faut donc appliquer le droit commun et donner au bailleur emphytéotique la préférence de son privilège sur l'hypothèque, car il serait injuste de présumer que le propriétaire a renoncé à son droit antérieur, celui d'obtenir le paiement de la redevance qu'il tenait du contrat lui-même. D'ailleurs, les renonciations ne se présument pas.

Est-ce que le nu-propriétaire sera primé dans le paiement de la redevance exigée de l'usufruitier, par les hypothèques que ce dernier aurait pu constituer sur son droit réel ? Est-ce que le vendeur verrait son droit de préférence usurpé par un créancier hypothécaire de l'acheteur ? La situation du bailleur emphytéotique est en tous points similaire à celle de l'usufruitier dans le règlement de l'ordre résultant du concours de son privilège et des hypothèques conférées par l'usufruitier.

L'emphytéote est donc armé d'un droit réel avec la liberté de le céder, transmettre, par acte entre-vifs ou à cause de mort. L'article 1ᵉʳ est formel.

Nous avions reconnu au preneur, dans notre théorie de l'emphytéose sous le Code civil, la liberté absolue de grever le fonds de servitudes, en faisant remarquer que ces charges de la propriété s'évanouissaient avec la résolution des droits de l'emphytéote.

Quel est le système du projet de loi ? Le projet de loi du gouvernement était absolument muet sur ce point ; la commission suppléa à ce laconisme en consacrant aux servitudes un article spécial ainsi conçu : « Il peut créer sur le fonds des servitudes actives et passives. » La commission consacrait ainsi une opinion conforme à la tradition romaine et aux principes de notre droit.

M. de Gavardie combattit avec vigueur l'économie de cet article auquel il substituait la rédaction suivante : « L'emphytéote ne peut créer des servitudes actives ou passives qu'avec le consentement exprès ou tacite du propriétaire. » L'honorable sénateur invoquait à l'appui de sa doctrine l'opinion des jurisconsultes romains et les règles du droit moderne sur la constitution des servitudes. L'établissement des servitudes, disait-il, ayant pour conséquence directe d'apporter au fonds des modifications profondes, ne peut appartenir qu'au propriétaire lui-même. Il basait, en outre, son argumentation sur la prétendue contradiction de l'art. 9 avec l'art. 7, qui stipule que le preneur ne peut opérer dans le fonds aucun changement qui en diminue la valeur. Or, y a-t-il un changement plus considérable que celui qui résulte d'une servitude active ou passive, d'une servitude passive surtout ? Il y a, paraît-il, antinomie flagrante entre ces deux articles, qui doit se résoudre par la suppression de l'article de la commission auquel M. de Gavardie substitue la modification précitée.

Nous répondons à M. de Gavardie que ces objections ne sont pas sérieuses et qu'elles reposent sur une fausse interprétation des principes du droit romain et français en matière d'emphytéose et sur un sentiment erroné des règles de capacité dans la constitution des servitudes. Nous rappelons que le droit romain reconnaissait à l'emphytéote le droit de grever le fonds de servitudes. Ces pouvoirs reconnus à l'emphytéote ne pouvaient nullement compromettre les intérêts du propriétaire, puisque ces servitudes n'étaient que temporaires. Notre droit français a toujours suivi sur ce point la tradition romaine. Nous ajouterons qu'il n'est nullement besoin d'être propriétaire du fonds pour avoir la capacité d'y établir des servitudes. Il suffit d'être armé d'un droit réel. Si la thèse de M. de Gavardie reposait sur une saine interprétation des vrais principes, il faudrait refuser à l'usufruitier le droit de grever le fonds de servitudes passives. Puisque ce dernier détenteur bénéficie de ce privilège, pourquoi le refuser à l'emphytéote, dont les droits sont plus étendus. Il y a d'autant moins d'inconvénient à accorder à l'emphytéote le droit de constituer des servitudes, que ce droit ne pourra être exercé que réserve faite des droits de l'art. 7. En conséquence, si l'emphytéote créait une servitude dommageable au fonds, le bailleur aurait incontestablement le droit d'intervenir en demandant l'application de l'art. 7, c'est-à-dire la suppression des charges dont le preneur a grevé le fonds.

Mais la thèse de M. de Gavardie fut écoutée, et l'art. 9, renvoyé à la commission, revint au Sénat complètement métamorphosé : « L'emphytéote peut acquérir, au profit du fonds, des servitudes actives et le grever par titre de servitudes passives, pour un temps qui n'excèdera pas la durée du bail et à charge d'avertir le propriétaire. » Cette disposition consacre une doctrine essentiellement nouvelle, puisque le bailleur peut opposer son veto à la demande en autorisation de constitution de servitudes. Cet article complète, en outre, l'article de la commission par l'insertion de cette mention que les servitudes sont temporaires. Ce n'est pas là une superfluité, malgré l'autorité de la règle, *resoluto jure dantis, resolvitur jus accipientis*, car certains auteurs avaient émis la surprenante opinion que les servitudes actives ne s'éteignaient pas avec les droits du preneur. Ces servitudes constitueraient, paraît-il, un acte de gestion d'affaires de la part du preneur au profit du bailleur. Cette affirmation nouvelle de la loi fera cesser sur ce point toute controverse.

L'art. 10 stipule que « l'emphytéote profite du droit d'accession pendant la durée de l'emphytéose. »

« Le preneur a seul les droits de chasse et de pêche et exerce à l'égard des mines, minières, carrières et tourbières tous les droits de l'usufruitier. » (art. 12).

Cette sage assimilation, à cet égard, de l'emphytéote à l'usufruitier est très équitable. C'est là l'opinion que nous avons adoptée dans le Commentaire de l'emphytéose sous le Code civil. Le projet de loi du Gouvernement admettait une distinction ; il assimilait l'emphytéote à l'usufruitier en ce qui concerne les mines, et au propriétaire, en ce qui concerne les minières, les carrières et les tourbières.

La Commission n'accepta pas cette distinction, reconnaissant que la règle posée par l'art. 598, Code civil, était également en conformité avec la nature du bail emphytéotique. Qu'il s'agisse, en effet, de mines ou bien de tourbières, carrières ou minières, peu importe ; « lorsque ces richesses du sol, dit M. Ribière, n'ont pas été mises en exploitation avant le contrat de bail, il est difficile d'admettre, à défaut de convention favorable, qu'elles ont été implicitement comprises dans les avantages qu'un fermier doit retirer du fonds, qui lui est loué ; on peut supposer que leur existence même était ignorée du propriétaire. Ajoutons que leur exploitation, non prévue par le contrat, donnerait lieu à des détériorations peut-être irréparables du fonds lui-même et à des difficultés sans nombre entre le bailleur et le preneur. »

L'article 11 règle les droits de l'emphytéote en cas
d'expropriation du fonds pour cause d'utilité publique : « en cas d'expropriation pour cause d'utilité publique, le bailleur devra faire connaître le droit de
l'emphytéote, conformément aux dispositions de l'art.
21 de la loi du 3 mai 1841. Des indemnités distinctes sont accordées au bailleur et au preneur. »

Le Sénat a voulu rompre par cette disposition avec
le système de la jurisprudence qui appliquait à l'emphytéote le § 2 de l'art. 39 : « Dans le cas d'usufruit,
une seule indemnité est fixée par le jury, eu égard
à la valeur totale de l'immeuble ; le nu-propriétaire
et l'usufruitier exercent leurs droits sur le montant
de l'indemnité au lieu de les exercer sur la chose.
L'usufruitier sera tenu de donner caution. »

L'emphytéote conserve toujours, bien que le projet de loi soit muet sur ce point, l'exercice des actions pétitoires et possessoires.

§ 3. — *Obligations de l'emphytéote.*

L'emphytéote ne peut, alléguant la stérilité ou la
perte partielle du fonds, la privation de toute récolte,
à la suite de cas fortuit ou de force majeure, demander
la réduction de la redevance (art. 4). Si on avait appliqué les règles ordinaires du louage, on aurait dit que
le preneur emphytéote avait droit à une indemnité,
lorsque, par suite de cas fortuits, il était privé au
moins de la moitié de sa récolte annuelle. Mais ici,
il y avait des règles spéciales pour s'écarter des
règles ordinaires du louage. Le preneur, en contrac-

tant un bail emphytéotique, court des chances de
grands profits ou de grandes pertes ; la redevance
à laquelle il s'oblige est généralement inférieure à
celles des baux ordinaires et doit supporter en conséquence les mauvaises chances. C'est le caractère
aléatoire du contrat qui motive cette décision.

La question des améliorations auxquelles peut se
livrer l'emphytéote est résolue par l'art. 7 : « L'emphytéote ne peut opérer dans le fonds aucun changement qui en diminue la valeur. Si le preneur fait
des améliorations ou des constructions qui augmen-
tent la valeur du fonds, il ne peut les détruire, ni
réclamer à cet égard aucune indemnité. » C'est là
une solution très équitable. Il est très légitime de
défendre le propriétaire contre les transformations
qui peuvent porter atteinte à la valeur du fonds.
Malgré cette restriction, l'emphytéote conserve une
très grande liberté dans l'exploitation du fonds ; il
n'est pas obligé de maintenir les assolements suivis
antérieurement ; il peut changer les modes de culture : par exemple, remplacer une culture arable
par une culture viticole et réciproquement. « Il
pourra, ajoute M. Ribière, modifier, transformer
les bâtiments anciens, les reconstruire et en cons-
truire de nouveaux ; mais ces constructions, une
fois faites, ces améliorations une fois accomplies,
elles sont acquises au propriétaire. »

· L'article 8 règle la question des contributions et
des réparations et de l'incendie du fonds : « Le preneur est tenu de toutes les contributions et charges
de l'héritage. En ce qui concerne les constructions
existant au moment du bail, et celles qui auront été

élevées en exécution de la convention, il est tenu
des réparations de toute nature, mais il n'est pas
obligé de reconstruire les bâtiments, s'il prouve
qu'ils ont été détruits par cas fortuit, par force majeure ou qu'ils ont péri par le vice de la construc-
tion antérieur au bail. Il répond de l'incendie, conformément à l'art. 1733 du Code civil. »

De la généralité des termes de l'art. 8, il faut conclure que l'emphytéote ne pourra plus, en vertu de
la loi du 11 frimaire an VII, prélever sur la part due
au propriétaire le cinquième de ce qu'il aura versé,
en le retenant lors du paiement de la redevance. En
dehors de cette restriction aux droits du preneur,
l'article ne fait que consacrer le système de la jurisprudence sur ces divers points.

§ 4. — *Constitution de l'emphytéose.*

Le bail emphytéotique ne peut valablement être
consenti que par ceux qui ont la capacité d'aliéner.
« Le bail emphytéotique ne peut valablement être
consenti que par ceux qui ont le droit d'aliéner et
sous les mêmes conditions, comme dans les mêmes
formes. Les immeubles appartenant aux mineurs ou
interdits pourront être donnés à bail emphytéotique
en vertu d'une délibération du conseil de famille
homologuée par le tribunal. Le mari pourra aussi
donner à bail emphytéotique les immeubles dotaux
avec le consentement et l'autorisation de la justice. »
M. Ribière justifiait cette disposition : « Par l'importance de ce contrat, qui peut faire passer pendant une période extrêmement longue la jouissance

16

et l'administration entière de la propriété des mains du bailleur en celles du preneur, ce qui impose à ce dernier de graves obligations. »

Nous constaterons que cet article n'est qu'une consécration pure et simple des règles ordinaires du droit commun applicables à la capacité d'aliéner. Pour aliéner une chose immobilière, il faut être propriétaire et capable. Or, l'emphytéose, constituant un démembrement du droit de propriété, une aliénation partielle du fonds emphytéotique, il était logique de soumettre le bailleur aux règles de droit commun sur la capacité d'aliéner.

L'emphytéose se prouve, conformément aux règles ordinaires des baux : « La preuve du contrat d'emphytéose s'établira conformément aux règles du droit civil en matière de baux. » (art. 3.) Le projet du gouvernement, dans l'art. 59, déclarait que l'emphytéose ne pouvait s'établir que par écrit. Cet écrit *instrumentum* n'était pas seulement exigé comme mode de preuve de l'emphytéose, mais constituait une condition essentielle de la validité de ce contrat. L'emphytéose, en d'autres termes, venait prendre rang dans la classification de nos rares contrats solennels. M. Humbert, garde des sceaux, motivait ainsi l'exigence de l'art. 59 : « ce contrat (l'emphytéose) a de l'importance ; aux termes de l'art. 2 de la loi du 23 mars nº 4, il est soumis à la transcription ; on ne saurait donc se dispenser de le constater par écrit. » C'est une erreur manifeste d'appliquer à la transcription de l'emphytéose, l'art. 2 nº 4 de la loi du 23 mars 1855 ; nous avons suffisamment expliqué sous la rubrique : *Nature et caractères essentiels du bail emphytéotique*, l'inexatitude de cette assertion pour ne pas insister davantage. Nous nous contenterons de remarquer que sans doute tous les contrats soumis à la nécessité de la formalité de la transcription doivent être constatés par écrit, puisque la transcription n'est qu'une copie fidèle de la convention, mais que cet écrit est exigé *non ad solemnitatem sed ad probationen*.

§ 5. — *Transmission du droit emphytéotique.*

L'emphytéose peut être transmise par acte entre-vifs ou à cause de mort. Nous nous référons sur ce point aux explications que nous avons données dans notre commentaire du bail emphytéotique depuis la promulgation du Code Civil.

§ 6. — *Causes de déchéances de l'emphytéote.*

L'art. 5 s'explique sur les causes de déchéance du preneur emphytéote. « A défaut de paiement de deux années consécutives, le bailleur est autorisé, après une sommation restée sans effet, à faire prononcer en justice la résolution de l'emphytéose. La résolution peut également être demandée par le bailleur en cas d'inexécution des conditions du contrat ou si le preneur a commis sur le fonds des détériorations graves. Néanmoins, les tribunaux peuvent accorder des délais suivants les circonstances. »

Trois causes de déchéance sont prévues par cet article : le défaut de paiement de la redevance pendant deux ans, l'inexécution des conditions du contrat, les détériorations graves commises sur le fonds et imputables à l'emphytéote. Nous allons les passer en revue successivement.

A. — *Défaut de paiement de la redevance pendant deux ans.* — Il faut reconnaître que c'est là une disposition très sage. L'application du droit commun, qui autorise la résolution du droit de l'emphytéote après le non paiement d'un seul terme, aurait gravement compromis les intérêts de ce dernier et constitué souvent un enrichissement scandaleux pour le bailleur, qui ne doit aucune indemnité, après la cessation du bail emphytéotique, pour cause d'améliorations et d'augmentation de valeur du fonds. Le Sénat a compris parfaitement que l'emphytéote, qui, au début de l'entrée en jouissance, se livrait à des dépenses considérables pour rendre productif un fonds inculte ou stérile, qui sacrifiait à la transformation du sol ses économies et son travail, ne devait pas encourir la déchéance, s'il avait la mauvaise fortune de faillir, durant une seule année, aux engagements du paiement du canon : « L'emphytéote, dit l'honorable rapporteur, a presque, dès ses débuts, beaucoup d'avances à faire et peu ou point de produits à recueillir. Si un retard peut-être de quelques mois, si quelques embarras passagers suffisaient pour rompre les conventions et pour faire déguerpir le preneur, la conséquence pourrait être la ruine de celui-ci et l'enrichissement abusif du bailleur. »

B. — *Inexécution des conditions du contrat.* — Cette cause de déchéance ne demande aucun com-

-mentaire; c'est l'application pure et simple au bail emphytéotique de l'art. 1184 Code civil.

C. — *Détériorations graves commises sur le fonds et imputables à l'emphytéote.* — La détérioration doit présenter un caractère de gravité assez prononcé pour que la déchéance ait lieu. Cette question est laissée à l'appréciation souveraine des magistrats qui statuent sans recours. Cette disposition, consacrant le droit commun, il n'y a rien de spécial à formuler.

Les règles générales sur la résolution des conventions synallagmatiques, à raison de l'inexécution des engagements contractés par l'une ou l'autre des parties, sont aussi applicables en matière d'emphytéose. En supposant que le pacte commissoire eût été expressément inséré dans le bail emphytéotique, pour le cas de l'inexécution des engagements de l'une ou de l'autre des parties, la résolution devra en être poursuivie en justice et le juge sera toujours armé des pouvoirs discrétionnaires que lui donne l'art. 1184, § 3, à moins qu'il n'ait été convenu que le pacte commissoire produirait son effet de *plein droit* ou encore *de plein droit et sans sommation.*

Il reste entendu que la partie de l'art. 5, se référant au cas de résolution pour défaut de paiement de deux années consécutives, est d'ordre public, c'est-à-dire qu'elle ne peut être modifiée par une clause dérogatoire.

Le paiement du canon, constituant une obligation personnelle, l'emphytéote ne peut s'y soustraire par le *déguerpissement.* (art. 6). La prohibition de

déguerpir s'explique encore par cette considération que les hypothèques consenties par l'emphytéote ne présenteraient pour le créancier hypothécaire aucune garantie, si le preneur pouvait, en
délaissant, anéantir le gage des créanciers.

§ 7. — *Droits d'enregistrement.*

« Les avantages, dit M. Ribière, que l'agriculture
peut retirer des baux emphytéotiques et les dispositions favorables du projet de loi perdraient beaucoup de leur importance et de leur efficacité si les
droits d'enregistrement attachés à cette nature du
contrat en éloignaient par leur élévation excessive
les propriétaires et les fermiers. » L'honorable rapporteur comprenait très bien que l'emphytéose, pour
devenir une institution pratique, d'un usage très
répandu, pour rendre en un mot les services espé-
rés dont l'industrie agricole devait bénéficier, devait
être exonérée d'une lourde taxe, soit dans l'acte de
constitution d'emphytéose, soit dans un acte posté-
rieur de cession ou de transmission. Le gouvernement, quoique muet dans son projet de loi sur la quotité des droits fiscaux à percevoir, était toutefois très
explicite, dans l'exposé des motifs, sur les avantages considérables qu'il y avait à ne grever l'emphytéose que d'une taxe peu élevée. « Nous attachons,
dit le projet de loi du gouvernement, une très
grande et très légitime importance à tout ce qui
peut donner du crédit à l'emphytéose. Ces soins
seraient inutiles, si un droit d'enregistrement excessif, pesant sur cette nature de contrat, le rendait en

quelque sorte impossible. Il a donc été nécessaire
de se rendre compte de l'état de la législation, afin
de la modifier si le besoin s'en faisait sentir. » Les
paroles du gouvernement formulaient une critique
déguisée du système de la jurisprudence, qui applique à l'emphytéose la taxe de 6 fr. 87 1/2 p. 100
perçue sur les mutations immobilières.

Aussi, la commission et le gouvernement propo-
sèrent-ils au Sénat de rompre avec le système de la
jurisprudence dans un article ainsi conçu : « Pour
la perception des droits, le bail emphytéotique ou
à long terme est assimilé aux baux ordinaires d'immeubles. » Cet article, adopté en première lecture
sans protestation, reçut des modifications profondes,
grâce à l'intervention directe des représentants de
l'administration, qui protestaient au nom des principes et des droits du trésor, contre l'application à
l'emphytéose de la taxe de 0 fr. 25 p. 100 ; les réclamations portèrent en partie leurs fruits, et la rédaction
suivante fut proposée au Sénat : « L'acte constitutif
de l'emphytéose n'est assujetti qu'aux droits d'enregistrement et de transcription établis pour les baux
à ferme ou à loyer d'une durée limitée. Les mutations de toute nature, ayant pour objet, soit le droit
du bailleur, soit le droit du preneur, sont soumises
aux dispositions de la loi du 22 frimaire an VII et
des lois subséquentes concernant les transmissions
de propriété d'immeubles. Le droit est liquidé sur la
valeur vénale par une déclaration estimative des
parties. »

Cette disposition, qui constitue l'article 14 du
projet, acceptée en deuxième délibération, sans dis-

cussion, fut complétée par une mention additiónnelle de M. Labiche : « Le paiement de ces droits d'enregistrement est fractionné si les parties le requièrent, conformément à l'article 11 de la loi du 23 août 1871. »

Cet article consacre, comme on le voit, sur l'application des droits d'enregistrement à l'emphytéose, un système bâtard, constitué par la combinaison des droits fiscaux perçus sur les baux et les mutations immobilières. La constitution de l'emphytéose est assujettie à un droit de 20 centimes p. 100, sur le prix calculé de toutes les années ; l'emphytéose est, à cet égard, assimilée aux baux à ferme ou à loyer, comme le dit expressément l'alinéa 1 de l'article 14.

Ce droit de 20 centimes p. 100 sera remplacé par celui de 6,87 1/2 p. 100, liquidé sur la valeur vénale de l'immeuble, dans le cas de simple transmission par acte entre-vifs du droit d'emphytéose.

Les représentants de l'administration, qui assujettissaient la constitution de l'emphytéose comme la transmission, au droit de 6 fr. 87 1/2 p. 0/0, invoquaient à l'appui de leur doctrine les principes du droit. D'après les principes, disent-ils, le bail emphytéotique étant un droit réel immobilier, il serait exorbitant que la transmission de ce droit immobilier ne fût taxée que de l'impôt perçu pour la transmission des droits mobiliers. En conséquence, il faut, pour rester fidèle aux vrais principes, frapper l'emphytéose des droits perçus en cas de transmission de biens immobiliers.

On peut répondre que ce grand principe a mis longtemps à apparaître à la lumière. Les circulaires des 16 messidor an VII, 23 mars 1833, 21 janvier 1834, se prononçaient catégoriquement contre le principe invoqué par les agents de l'enregistrement, en n'autorisant sur les baux emphytéotiques que la perception des droits mobiliers.

L'art. 14, tel qu'il est voté, fait aussi une large brèche à ce grand principe, puisque la constitution de l'emphytéose, qui transfère au preneur un droit réel immobilier, n'est passible que des droits qui frappent la constitution des droits mobiliers.

Nous ajouterons encore que le respect des principes doit être écarté devant des considérations d'équité et d'intérêt pratique. La meilleure loi est, sans aucun doute, celle dont les solutions, conformes à la logique du droit, sont aussi en harmonie avec les intérêts protégés ; mais, quand il y a incompatibilité entre les principes et les considérations d'utilité pratique, ces dernières doivent l'emporter.

L'emphytéose, pour être une institution vraiment utile au développement de l'agriculture, pour répondre aux aspirations qu'elle veut réaliser, doit être exonérée des charges fiscales trop lourdes. Voilà pourquoi la commission pensait sagement, en assimilant cette tenure, quant à la perception des droits d'enregistrement, aux simples baux à loyer ou à ferme d'une durée limitée. Il est regrettable que le Sénat ait décidé le contraire, pour vouloir se montrer trop zélé défenseur d'une logique dangereuse.

Ce qui condamne encore les partisans de ce système mixte, c'est que l'art. 14 constitue un changement complet de l'assiette de l'impôt. M. Gazagne l'a très bien démontré : « La loi dit que, quand une suc-

cession s'ouvre, c'est sur les revenus qu'on doit
acquitter les droits ; que, quand une donation est
faite, le droit est également perçu d'après la déclaration du revenu. Ici, vous avez soin d'établir que
désormais la perception s'opèrera, non plus sur le
revenu, mais sur la valeur vénale. Voici la différence : J'achète un immeuble 20,000 francs ; quelque temps après, je viens à décéder. Eh bien ! c'est
non pas sur le capital de 20,000 francs, mais sur les
revenus de ce capital que mes héritiers doivent les
droits de succession ; or, cet immeuble de 20,000
francs ne s'affermerait pas 1,000 francs, il s'affermerait à peine 600 francs, et en multipliant ce capital
par 20, cela ne représenterait qu'un capital de 12,000
francs. Il n'y aurait donc à payer pour la transmission de cet immeuble après décès qu'un droit
calculé sur 12,000 francs, tandis que pour la
transmission d'un bail emphytéotique sur le même
immeuble, les droits seraient acquittés sur 20,000
francs. »

Mais les protestations de M. Gazagne étaient un
peu tardives, car le règlement du Sénat s'oppose à
la modification d'un article de loi en projet, voté
en deuxième délibération. Mais la critique de l'art.
14 n'en était pas moins formulée et le vote de la
disposition additionnelle à cet article, proposée par
M. Labiche, rendue plus facile. Voici en quels
termes l'honorable sénateur développa sa mention
additionnelle : « La loi de 1871 a, en effet, établi cette
règle très sage, que pour ne pas surcharger le preneur, la charge des droits qui lui incombent peut
être divisée par périodes de trois ans. Cette dispo-

sition est une mesure d'équité. En effet, le paiement des droits imposé au preneur est une charge de la jouissance ; je n'ai pas besoin de vous rappeler que lorsque l'on paye une somme quatorze ans d'avance, on paye en réalité le double de ce que l'on doit et beaucoup plus si l'on paye 30 ou 40 ans d'avance : aussi, le législateur a reconnu la vérité de ce fait, quand il a consenti, en 1871, pour les baux ordinaires qui ont habituellement une durée de 9 ans, la faculté de fractionnement. Combien cette concession n'est-elle pas plus justifiée, en ce qui concerne les baux dont la durée doit être au moins de 18 ans et plus souvent de 30 ans, et peut même atteindre 99 ans. »

DEUXIÈME APPENDICE

L'emphytéose d'après le projet de loi voté par la Chambre des députés.

Le gouvernement a présenté au Sénat le 13 juillet 1876, le projet de loi sur le code rural.

Le titre V du livre 1 de ce projet, relatif au bail emphytéotique, a été adopté par le Sénat dans ses séances des 27 janvier et 28 février 1882. Déposé une première fois à la Chambre, le 11 mars 1882, une seconde fois, le 15 février 1886, il n'est jamais venu en discussion. Enfin, le 8 novembre 1898, faisant preuve d'une louable persévérance, le ministre de l'agriculture a déposé une fois de plus ce projet, voté depuis vingt-deux ans par le Sénat et toujours en souffrance devant la Chambre (1).

Si ce projet de loi a été condamné à une attente pareille, c'est toujours par suite de l'incohérence du travail parlementaire, qui soumet toutes nos lois à d'inqualifiables lenteurs.

Ce projet de loi a donné lieu, devant la Chambre des députés, à deux rapports de M. Georges Graux, le premier à la date du 16 décembre 1898, le second à la date du 10 mars 1899. Là se borne le tra-

---

(1) Rapport de M. Georges Graux, 16 décembre 1898.

vail parlementaire sur ce projet de loi voté par le Sénat, la Commission de l'agriculture ayant obtenu de la Chambre la mise à l'ordre du jour, sous la réserve qu'il n'y aurait pas de débat.

Le premier rapport n'offre aucun caractère particulier ; c'est un simple commentaire du projet voté par le Sénat que la Commission adopte sans protestation, et par suite sans changement.

Le second rapport est motivé par les critiques, d'ailleurs tardives, de M. le Ministre des finances, sur la disposition de l'article 14, qui permet de fractionner le montant du droit du bail en autant de paiements égaux qu'il y a de périodes triennales dans la durée de l'emphytéose. Ces réclamations de M. le Ministre des finances étaient appuyées par une protestation de M. Fernand Faure, directeur de l'enregistrement, communiquée à M. le Comte de Saint-Quentin, président de la Commission d'agriculture.

Voici le texte de cette protestation :

« Tout d'abord, la faveur du fractionnement semble excessive, après celle que comporte le premier paragraphe de l'article 14, et qui consiste à abaisser de 6,87 1/2 pour 100 à 0,25 le droit d'enregistrement exigible sur l'acte constitutif de l'emphytéose.

« Le versement immédiat de 0,25 p. 100 ne saurait, en effet, causer de sérieux embarras aux parties ni constituer une charge de nature à entraver la réalisation du contrat. Son fractionnement en périodes triennales risquerait, au contraire, de produire une décomposition de la taxe, en échéances tellement minimes, que les démarches imposées aux parties, sous peine d'amende, pour chaque paiement et les difficultés du recouvrement seraient hors de proportion avec le résultat de la mesure.

« D'autre part, le fractionnement est de nature à entraîner pour le trésor des difficultés dont il est nécessaire de tenir compte.

« En ce qui concerne les baux ordinaires dont la durée n'excède pas 9 années, la loi du 23 août 1871 (art. 11), a pu accorder sans inconvénient des délais à des débiteurs dont la trace ou celle de leurs héritiers ne saurait en thèse générale se perdre facilement; mais il n'en peut plus être de même dans le cas où le bail, comme celui qu'il s'agit d'instituer, peut être consenti pour une durée de 30 à 99 ans. Si le droit n'est pas exigé immédiatement, l'administration sera très embarrassée bien souvent pour découvrir son débiteur, au bout d'un certain nombre d'années, et surtout vers la fin du bail de 99 ans, lorsque les parties contractantes seront décédées, et que leur dette aura été transmise à plusieurs générations dont les membres survivants pourront être disséminés, inconnus ou insolvables. A cette difficulté, s'en ajoute une autre. C'est que les tribunaux refusent d'admettre que la solidarité existant entre les parties pour le paiement des droits d'enregistrement se transmette à leurs successeurs. Il s'ensuivra qu'après un laps de temps de 50 ou 60 ans et bien plus encore dans les dernières périodes triennales, l'administration aura à faire, pour une créance de quelques francs, à des débiteurs très nombreux, dont chacun devra être interpellé séparément. Il y a là, indépendamment de grandes difficultés de recouvrement dans tous les cas, un péril qui existera très souvent pour la créance du trésor.

« On objecte que l'Administration aura toujours la faculté de s'adresser, pour le recouvrement du droit, aux détenteurs, quels qu'ils soient. Mais c'est là une erreur qu'il importe de dissiper. En cas de décès des parties contractantes, l'Administration n'aura de recours que contre leurs héritiers auxquels la charge de l'emphytéose aura été transmise au même titre que les autres dettes de la succession et avec la divisibilité ordinaire, de sorte qu'il y aura à faire autant de réclamations qu'il existera de débiteurs. Il semble donc que si l'on réduit de 6,87 1/2 à 25 centimes p. 100 le droit exigible sur l'acte constitutif de l'emphytéose, il faut au moins, en retour de cette faveur, réserver à l'administration des garanties sérieuses pour le paiement de l'impôt. »

Ces paroles ne sont qu'un écho fidèle des discussions parlementaires du Sénat sur la mention additionnelle de M. Labiche. M. Emile Lenoël avait déjà mis en relief ces prétendus inconvénients, résultant pour le trésor du fractionnement triennal, Ces critiques ne furent pas écoutées, et la clause additionnelle fut votée.

Nous ferons à M. le Directeur de l'enregistrement cette objection que la critique formulée contre cette partie de l'article 14 n'en est pas une, car elle pourrait s'appliquer aussi bien au bail ordinaire qu'au bail emphytéotique. En conséquence, tant que le simple bail bénéficiera du privilège du fractionnement triennal du paiement des droits fiscaux, les mêmes considérations d'utilité pratique voudront que cette faveur soit rendue commune au bail emphytéotique.

Il n'en résulte pas moins que la Commission se rendit aux appels de M. le Ministre des finances et de M. le Directeur de l'enregistrement, et que l'art. 14, ainsi modifié, fut voté, avec le reste du projet, par la Chambre des députés le 18 mars 1899.

En conséquence, cette loi si attendue voit son adoption retardée par suite de cette modification qui a droit à toutes nos critiques. Nous ne savons si le Sénat fera preuve vis-à-vis de l'Administration de la même soumission que la Commission d'agriculture.

Nous avons terminé cette longue étude de l'emphytéose, dont les vrais principes, brillamment mis en relief par l'autorité du droit romain, mais légèrement ternis par les influences des mœurs sociales de la féodalité, ont été ressuscités par notre législation civile et surtout par l'œuvre salutaire du dernier projet de loi. Espérons que la date n'est pas éloignée où l'industrie agricole verra aboutir définitivement une loi si longuement attendue.

TABLE DES MATIÈRES

DROIT ROMAIN

PREMIÈRE PARTIE

*Antécédents de la théorie de l'Emphytéose
dans le Droit Romain.*

DEUXIÈME PARTIE

Théorie de l'Emphytéose dans le Droit Romain.

CHAPITRE PREMIER

NATURE DU DROIT EMPHYTÉOTIQUE, DROITS, ACTIONS
ET OBLIGATIONS DE L'EMPHYTÉOTE

CHAPITRE II

CONSTITUTION ET EXTINCTION DE L'EMPHYTÉOSE

CHAPITRE III

EMPHYTÉOSES EXCEPTIONNELLES

CHAPITRE IV

COMPARAISON DE L'EMPHYTÉOSE AVEC QUELQUES-UNS DES DROITS
ET CONTRATS QUI S'EN RAPPROCHENT

DROIT FRANÇAIS

PREMIÈRE PARTIE

CHAPITRE PREMIER

PREMIER APPENDICE

DEUXIÈME APPENDICE

Imprimerie M. Cléder, rue de la Pomme, 28, Toulouse.